『走向名师』系列丛书

情思数学——指向儿童成长

严亚雄 著

丛书主编 季春华

江苏省教育科学"十二五"重点资助课题
（批准号：B-a/2011/02/049）
《区域跨学科骨干教师学习共同体建设实践研究》研究成果

南京师范大学出版社
NANJING NORMAL UNIVERSITY PRESS

图书在版编目(CIP)数据

情思数学:指向儿童成长 / 严亚雄主编. —南京:南京师范大学出版社,2014.2
(走向名师系列)
ISBN 978-7-5651-1582-0

Ⅰ.①情… Ⅱ.①严… Ⅲ.①小学数学课 教学研究 Ⅳ.①G623.502

中国版本图书馆 CIP 数据核字(2013)第 239524 号

书　名	情思数学——指向儿童成长
著　者	严亚雄
责任编辑	张　文　周　璇
出版发行	南京师范大学出版社
地　址	江苏省南京市宁海路 122 号(邮编:210097)
电　话	(025)83598919(总编办)　83598412(营销部)　83598297(邮购部)
网　址	http://www.njnup.com
电子信箱	nspzbb@163.com
印　刷	扬州市文丰印刷制品有限公司
开　本	787 毫米×960 毫米　1/16
印　张	15.25
字　数	256 千
版　次	2014 年 2 月第 1 版　2014 年 12 月第 2 次印刷
书　号	ISBN 978-7-5651-1582-0
定　价	32.00 元

出 版 人　彭志斌

南京师大版图书若有印装问题请与销售商调换
版权所有　侵权必究

序

当我拿到这份沉甸甸的书稿时,我深为严老师的认真与执着所感动,书中不仅折射出严老师的睿智与灵性,更洋溢着严老师的追求与幸福。鲜活的素材、生动的描述、独到的见解、真挚的情感,源自于严老师对教育事业无限的热爱和对儿童深挚的情怀,源自于她在教育教学工作中大胆的探索和执着的追求。

严亚雄老师对数学教学有着深厚的感情,她大胆地提出"情思数学"课堂教学理念,构建为我所用、为他人所借鉴的"情思数学"课堂教学策略。她聚焦儿童的数学情感和数学思维现状,探究数学教学中"情思共融"的教师支持策略,从整体上去研究儿童数学情感与思维的共融问题,力图改变"重知识,轻能力"的现象。她从提升儿童整体素质的视角出发,关注儿童的情感世界,促使功利化的数学教育向人文化的数学教育转变,帮助儿童获得基本生活经验,培养儿童的数学思维能力,从本质上影响儿童数学学习的情感,并以此来推动儿童数学思维品质的发展。她让课堂真正成为师生"情思共融"的家园,最终在学生的成长中不断成就自己。

细细读来,"理论篇"中无论是研究背景、实施基础,还是理论探究、研究价值都充满着理性的力量;"实证篇"中的调查分析和个案研究记录着严老师在成长道路上的思考和求索;"策略篇"燃烧着她对教育的热情,诉说着她对教育的痴情;"案例篇"中有智慧灵动的课堂,有师生心灵碰撞的火花。

记得曾经读过这样一首哲理诗:"我到河边饮水的时候,我觉得那水也在渴着,我饮水的时候,水也在饮我。"是啊,严老师和她的学生正共同感受着、分享着教育和学习的幸福。她放飞儿童一双双翱翔的翅膀,让他们的心灵在九霄飞翔。她给了儿童最美的云彩,任他们绘就漫天彩霞!

祝愿严老师和她的学生能越飞越高!

南通市教育科学研究中心 须中

目 录

理论篇

第一章　情思数学的提出缘由

- 第一节　课程标准给我们的启示/003
- 第二节　数学学科建设的需要/004
- 第三节　学生成长的要求/005
- 第四节　研究意义/006
- 第五节　国内外的研究概述/007

第二章　情思数学的概述

- 第一节　情思数学的内涵/014
- 第二节　情思数学的理性基础/015

第三章　情思数学的理性探究

- 第一节　情思数学的研究基础：理解数学、享受数学/019
- 第二节　情思数学的终极指向：让学生学会"数学地思维"/022
- 第三节　情思数学的情感价值：拥有儿童视角/024
- 第四节　情思数学的思维价值：让课堂流光溢彩/029

第四章　情思数学的研究价值

- 第一节　彰显素质目标/034

- 第二节　关注个体学习/039
- 第三节　提升学习品质/047
- 第四节　诠释教研路径/056

实证篇

第一章　小学生数学情感和思维现状调查及分析

- 第一节　问题设计/069
- 第二节　调查对象/069
- 第三节　研究过程、问卷编制与统计工具/070
- 第四节　结果与分析/071
- 第五节　结论与思考/075

第二章　情思数学影响弱智儿童数学学习的个案研究

- 第一节　缘起/078
- 第二节　实验过程/079
- 第三节　实验结果/085
- 第四节　结论与启示/085

策略篇

第一章　关注数学教学中的情感教育

- 第一节　教师要带着感情去教,学生才会充满感情去学/089
- 第二节　挖掘数学课程的涓涓细流,调动数学学习的浓浓情感/090
- 第三节　以美好的情感去感染学生,唤起学生数学感性的共鸣/092

第二章　提升学生的数学思维品质

- 第一节　引导举一反三,培养思维的广阔性/094
- 第二节　远离形式主义,培养思维的深刻性/095
- 第三节　提倡质疑问难,培养思维的批判性/097
- 第四节　变换思维角度,培养思维的灵活性/098
- 第五节　跳出常规程式,培养思维的独创性/099

第三章　数学教学中情思共融的教师支持策略

- 第一节　赏识信任与科学评价结合/102
- 第二节　联系生活与抽象概括并重/102
- 第三节　合作交流与独立思考共存/103

课例篇

第一章　情思交融　抵达幽微

- 第一节　你喜欢哪种口味的面包?
  ——《乘数末尾有0的乘法》教学随想/107
- 第二节　我当了回魔术师
  ——《平行四边形和梯形》复习课教学随想/109

第二章　情思共举　妙趣横生

- 第一节　构建体验课堂　感悟教学魅力/112
- 第二节　在操作中学习　于快乐中求知/137
- 第三节　创设教学情境　注重生活体验/162

第三章　情思并重　本色诉求

- 第一节　用体验诠释数学课堂
    ——《平移和旋转》课例分析/188
- 第二节　打造一个情思共融的数学课堂
    ——《解决问题的策略——转化》课例分析/193
- 第三节　小先生制
    ——走向内化的生本课堂教学模式的构想与实践/206
- 第四节　失败中找寻成长的力量
    ——《列方程解决问题》赛课追思/215

附录：小学生数学学习调查问卷/226

参考文献/229

后记/233

理论篇

我长久地记得那个大路旁，
就是在那个地方，
我想出了答案，
使我无比欢畅。

——达尔文

第一章 情思数学的提出缘由

第一节 课程标准给我们的启示

小学阶段的数学课程是儿童后续学习、生活,甚至是未来工作的重要基础。长期以来,我们关注更多的是儿童的认知发展,重视儿童的基础知识和基本技能的掌握。《数学课程标准》(试行稿)中强调指出:"从学生已有的生活经验出发,让学生亲身经历实际问题抽象成数学模型并进行解释与应用的过程,进而使学生获得对数学理解的同时,在思维能力、情感态度与价值观等多方面得到进步和发展。"同时指出:"整体设计目标要体现灵活开放,采用活动途径要倡导体验参与,倡导让学生在教师指导下,通过感知、体验、实践、参与、合作等方式,完成任务和目标,感受成功等理念。"[1]

《数学课程标准》(2011年版)变"双基"为"四基",并把"四基"与数学素养的培育进行有效整合,即掌握数学基础知识、训练数学基本技能、领悟数学基本思想、积累数学基本活动经验。新的形势要求教师要重视学生理解知识本身蕴涵的思维形式和思维方法,经历数学思考的过程,重视数学思维能力的培养。同时,课标还关注儿童情感、态度、价值观的培养,正确积极的情感、态度与价值观能够促进儿童主动地学习,能影响儿童是否享有幸福的数学学习生活,是否把数学学习作为一种乐趣、一种享受、一种探索和渴望等,它对于儿童的长远发展有着重要作用。

当前,许多国家和地区都将情感目标作为数学课程的重要目标。比如荷兰数学课程标准对于中学阶段的一般性目标中有如下描述:"发展对待工作的数学态度,获得对数学的鉴赏能力,通过发展与数学思维相关的情感和从数学活动中获得的愉悦提高建立在自己数学能力基础上的自信心。很显

---

[1] 中华人民共和国教育部制定.数学课程标准.北京:北京师范大学出版社,2001.

然这是情感目标。"新加坡数学课程是这样提出情感目标的：(1) 喜欢做数学；(2) 欣赏数学的美和力量；(3) 对应用数学有自信心；(4) 有解决问题的毅力。

　　数学课程标准将义务教育阶段的数学学习定位于促进学生整体发展的一个方面，引用《数学课程标准解读》中的一段话来明确数学学习的意义："给我们的所有学生：一双能用数学视角观察世界的眼睛；一个能用数学思维思考世界的头脑；一颗为谋国家富强人民幸福的心肠。"[①]

　　情感因素在学生的数学学习中起着非常重要的作用，对于学生良好思维品质的形成同样起着不可忽视的作用。然而，以往的数学课程过分强调知识目标和技能目标，忽视了情感目标，导致儿童因为在数学面前遭受挫折和失败，从而失去了学习数学的兴趣，学习数学的自信心也受到伤害，更为可怕的是，这样的状态将会影响到学生未来的发展。"情感态度"方面的课程目标，是课程改革的重要进步，对于学生而言将长期起作用，是他们终身学习的基础。然而目前多数教师只是停留在认识层面，多为空洞说教，较少思考贯彻。

第二节　数学学科建设的需要

　　近十年的实践研究，学校在数学教育教学方面积累了一定的经验，取得了相关成果，与此同时，我们也发现很多孩子在努力学习数学、提高数学学习成绩的同时，并没有发自内心地热爱数学，对于学好数学缺乏足够的兴趣，更不要说形成学习的信念了；另外，实际生活中数学学得好的孩子并不一定能灵活地解决实际问题，也就是说他们学习数学的能力并不是很强。东北师大史宁中教授认为："小学六年的数学知识，只要半年就可以教完。我们花那么多时间就是要培养能力。"[②]那么，除知识和能力外，教师还要教会学生什么？该怎样教？学校教育到底要培养什么样的人？日本数学家米山国藏给了我们很好的回答："无论是对于科学的工作者、技术人员，还是数

---

① 刘兼，孙晓天.数学课程标准解读.北京：北京师范大学出版社，2002.
② 史宁中.第二届中国小学数学教育峰会演讲稿，2012.

学教育工作者,最重要的是数学的精神、思想和方法,而数学知识是第二位的。"[1]然而,具体到学科教学上,我们应该如何来实践?数学究竟应该给孩子带来些什么?这一系列的问题对学科建设提出了全新的命题。

第三节 学生成长的要求

课改十多年来,教学观念、教师教学行为、学生学习方式、师生关系等方面都发生了巨大的变化。课堂生活是师生人生中一段重要的生命历程,是生命的充实与展开的过程。课程改革最终发生在课堂上,教与学的理念扎根在课堂上,教师的真功夫更是表现在课堂上。我们认为,课堂教学无论如何变革,最终都应指向学生的成长。对学生而言,只有在充满尊重、关怀、民主与信任的和谐氛围中,才能得以身心健康、精神自由、生命自主地成长。这一切,都对数学教育提出了新的挑战。

数学教育呼唤两大精神:一是科学精神;二是人文精神。科学精神的核心是"思",人文精神的核心是"情"。情与思交融,才能和谐共生;情与思共生,才是教育之本。

智商+情商=成长。一个人的成长除了智力发展外,更有精神成长。我们认为,数学课堂教学不仅仅是一种智力活动,同时也是一种精神活动。学生在课堂上学习数学知识,同时也在感受着一种情感的力量,得到一种精神的熏陶,若干年后,学生可能忘记了教师课堂讲授的知识,但永不磨灭的却是物化在心灵深处的情感的溪流。"情思共生"对学生成长来说是最高境界。给学生健康成长的课堂是情思共生的课堂,要以情促思,以思生情。这样,学生情感的闸门才能得以不断开启,智慧的火花才能得到不断点燃。如果说,学生良好的数学思维能力能带来智力的发展,那么这种发展也只是寒冷冬夜里微弱的火花。只有当这样的思维智慧融入情感,火花才转变为强烈的光芒,照亮学生成长的方向。

---

[1] (日)米山国藏著,毛正中,吴素华译.数学的精神、思想和方法.四川:四川教育出版社,1986.

第四节　研究意义

通过对小学生数学情感和思维品质的调查分析及实施中的具体措施，弥补以往研究的不足，为理论支持提供依据，丰富小学数学情感和思维品质的理论与实践。

一、有助于促进学生的全面发展

前苏联教育专家斯卡金特认为，未经过人的积极情感强化和加温的知识将使人变得冷漠，他还强调情感是学生认知能力发展的动力，教学的任何途径都要作用于学生的情感。我国小学数学教育专家周玉仁教授指出，数学学习的本质是学生获取数学知识，形成数学技能和能力的一种思维活动。[①]

著名的"钱学森之问"让国人惊醒。其实，这样的问题在上个世纪就有一位英国人曾经提出过，他说："我们所面对的是一系列惊人的科学创造精神、突出的技术成就和善于思考的洞察力。既然如此，那么为什么现代科学，即经得起全世界的考验，并得到合理的普遍赞扬的伽利略、哈维、凡萨里乌斯、格斯纳、牛顿的传统——这一传统成为统一的世界大家庭的理论基础，是在地中海和大西洋沿岸发展起来，而不是在中国或亚洲其它任何地方得到发展呢？"[②]看来，钱老的问，已是摆在国人面前的一个课题。只有培养出有着独立思考、创新能力、数学思维品质良好的人，中国才有可能实现文明、民主、富强的现代化目标。"情思数学"正是着眼于学生数学情感发展，且注重提升学生数学学习的思维品质发展，力求呈现出美妙绝伦的数学思维方法。在培养探索不止的数学精神的同时，追求真、善、美的数学品格，从而促进学生的全面和谐地发展。

二、有利于促进教师专业化发展

在新课程改革背景下的教师，既要掌握丰富的专业知识，深刻把握学科

---

① 周玉仁.小学数学教学论.北京：中国人民大学出版社，1999.
② [英]李约瑟.中国科学技术史.北京：科学出版社，1975.

特点和学术前沿动态,又要拥有相应的教育学、心理学知识和技能。这对于在教学一线每天从事着繁重的教学工作的教师来说确实存在着相当的难度。每个人的精力是有限的,每天接触的新的知识和资料也是有限的。如何提升自己?最简单的方式就是,教师在课堂上成长。要上出高水准的数学课,不仅要有让学生对知识有深刻理解,更重要的是要能给学生带来长久的心灵激荡。唯有这样的课堂教学才是有魅力的。要达到这样的效果,教师就要对学生的数学情感和思维品质有所了解。这样教师将会获得双赢,既能让学生获得良好的数学情感,又能发展学生的思维能力,同时也能提高自身的教学水平,给整个教学带来新的力量。

基于以上思考,我们确立了"情思数学"的教学理念,并试图通过库伯的体验学习教学模式来全方位地推进和深入研究,希望为"情思数学"课堂教学做一些基础性研究工作和区域性的指导与现实借鉴。

第五节　国内外的研究概述

有关教学情感和数学思维的研究,近二十年来,国内外研究成果斐然。

一、国内外相关领域的研究现状

通过对教育学、心理学有价值的经验和成果及相关的理论和动态信息进行学习和研究,收集和整理了以下文献,主要是库伯的体验学习理论、建构主义理论、多元智能理论,分别从情感体验、学生思维发展、课堂教学策略等视角关注课堂、关注学生、关注教师发展,了解课堂教学研究趋势、成功实践及理论研究进展。在中国期刊网跨库检索国内外翻译的外文资料及书籍等进行查阅,全文数据库和硕博论文库中,以"情思数学"为关键词,未搜索到相关文献。目前,关于情感体验及思维发展的学术论文出现于各种期刊、文集,主要是关于学生知识学习、情感体验、思维与智力发展、教学与学习模式、教师专业发展、课堂文化建设等方面的研究。对于数学课堂教学中促进情思共生、情思共融的研究,在国内还处在初始阶段,没有多少经验可供借鉴参考,专题性的理论和实证研究成果也很少,尤其对于"情思数学"课堂教学这样的提法目前还是首例。但所有这些研究成果,都为本课题的实验和研究提供了丰富的文献资料,奠定了坚实的理论基础。

二、关于"情思数学"课堂教学相关文献的研究进展

（一）关于体验学习理论的相关研究

《现代汉语词典》中对于体验是这样阐述的："通过实践来认识周围的事物；亲身经历。"[①]在英语中，与体验相对应的单词是 experience，可译作经验、由经验获得的知识或技术，还可译作经历、阅历等。在德语中，体验为 erleben，有经历、经受、遭到、亲见等含义。从词的组合上分析，erleben 是由 leben 加上一个富有能动意味的前缀 er 构成，leben 是"生命、生存、生活"的意思，er 指"使受到"、"使感到"，因而德语的 erleben 尤指主体从自己的内心情感出发，积极主动地去感受生活、体验生命及其价值。据此，一些英译者经常把德语 erleben 一词译作 life—experience 或是 experience of life（生命体验）。由此我们可将以上对体验的解释理解为个体通过观察、生活、实践而获取知识，丰富生命，并通过内在感受、反思等方式去把握生命。

目前，关于体验学习理论在小学数学中的应用研究主要包括：1. 库伯的体验学习观及其在课堂教学中的应用；2. 体验学习理论驱动下的数学学习模式；3. 体验学习在数学教学中的实施策略；4. 在关注学生生命体验中构建数学情智课堂。但关于体验学习也存在许多争论，比如体验式教学是异化还是中国化、体验式的表面化还是实际意义上的体验学习等。

国内朱小蔓、张华等曾对体验学习做过研究。朱小蔓从内容维度将体验分为接受性体验和创造性体验，从空间维度将体验分为紧张性体验和庇护性体验，从时间维度把体验分为期待性体验和追忆性体验。[②]近几年许多数学教育工作者也开始关注体验学习，并对体验学习进行分析研究，在各种报刊杂志发表自己的见解。浙江黄安楣老师在《小学数学活动体验学习的理性思考》中从活动体验与学生发展的关系、活动体验的本质是学生心灵的参与等方面发表了自己的看法；[③]王嘉毅和李志厚在《论体验学习》中对体验学习研究进行了全面阐述；张蓉的《体验式教学模式浅析》则从体验式教学的目标、过程、特征和作用的角度，对"体验式教学"给予了综合性定义。

---

① 现代汉语词典.北京：商务印书馆(第5版)，2011.
② 朱小蔓.情感教育论纲.南京：南京出版社，1993.
③ 黄安楣.小学数学活动体验学习的理性思考.教学月刊(小学版)，2009 年第 12 期

另外,开展研究体验学习教学策略的也比较多。如何凤萍老师认为数学学习中的体验是指学生在数学活动中,通过行为、认知和情感的参与,获得对数学事实与经验的理性认知。①陈惠芳老师认为体验学习是数学学习的又一境界。她从创设情境、开设活动和恰当评价三方面进行了阐述。②所有的这些论述,更多的是停留在理论或一般实践层面上,具体到小学数学学科中如何操作的相关研究还比较少。

大卫·库伯教授是当代世界上数最杰出的体验学习专家。他提出:"体验学习是体验的转换并创造知识的过程。"③ 库伯教授对体验学习研究的伟大贡献在于他系统研究了人类历史上各种学习理论和学习策略,创造性地提出了"体验学习圈",将体验学习程序化、科学化。所谓"体验学习圈",是指体验学习的过程,包括四个基本学习环节,即具体体验(concrete experience)、反思观察(reflective observation)、抽象概括(abstract conceptualization)和行动应用(active experimentation)(如下图)。

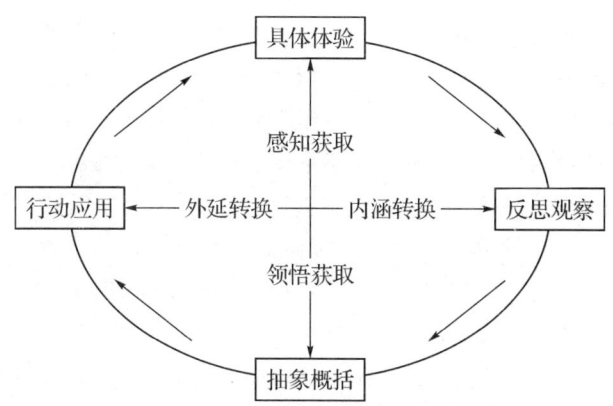

由上面的"体验学习圈"可以看出:体验学习是作为一个学习的过程,而

---

① 何凤萍."体验学习"在数学教学中的实施策略.课程教材教学研究,2008年第17、18期

② 陈惠芳.体验学习——小学生数学学习的又一境界,中小学教师培训,2001年第9期

③ [美]D·A·库伯著,王灿明、朱水萍等译.体验学习:让体验成为学习和发展的源泉(Experiential Learning: Experience as the Source of Learning and Development).上海:华东师范大学出版社,2008

不是结果;体验学习是以体验为基础的持续过程;体验学习是在辩证对立中解决冲突的过程;体验学习是一个适应世界的完整过程;体验学习是个体与环境之间连续不断的交互作用过程;体验学习是一个创造知识的过程。值得注意的是,体验学习圈不是一个"单纯的循环"而是一个"螺旋上升的过程",每一次的学习都是重新学习。

多年来,利用体验理论,我们努力在小学数学教学的天地里积极地实践着我们对数学的理解:十一五期间,我们参与了南通市规划课题"小学体验学习"的实验研究,取得了一定的经验积累,并于2009年独立申报课题"小学数学实践活动中的体验学习研究",目前两项课题均已顺利结题。多年的课题研究中,我们探索了有效可行的做法,积累了宝贵的经验,真正解读并用行动认真诠释了库伯教授体验学习的教育理念。

(二)情感体验的相关研究

从国际上讲,许多教育家、学者,都比较注重教育中的情感因素,可谓源远流长。应该说明一点,不论国际上著名的教育家,或是在我国两千多年的历史长河中出现的许多仁人志士虽然对教育教学中的情感因素提出了一些思想或原则,但对情感教育都缺乏科学的研究和论证,尚未形成理论体系。因此,关于情感教育的实践模式和理论体系的探索与实践,还不多见。

目前国内情感教育研究,还是在 20 世纪 80 年代中期开始涉及教学中的情感问题。上海师范大学教授卢家楣从心理学的角度透视教学中的情感现象,比较系统地论证了情感教育的实践、理论、策略、应用等问题。卢家楣认为:"情感教学的实质,就是使传统教学中无序、无控、无目标的情感信息回路,变成一个有序、有控、有目标的情感信息系统,从而充分发挥为教学最终目标服务的统一功能。"[①]在此基础上,他提出以情优教的教学理念。

数学情感是指在人类数学活动中需要的主体与对他有意义的客体对满足与否所产生的心理体验。数学情感的作用突出表现在教师、学生和数学内容三者之间的连接之中。连接种类有教师准备教学素材的过程、学生学习教学素材的过程和师生数学交流的过程。数学情感具有积极性、消极性、双重性与不确定性等基本品质。其体验形式可以用情调、情绪、激情、应激状态、心境层次等加以区分。数学情感反映出主体在认知数学活动中的精

---

① 卢家楣.情感教学心理学.上海:上海教育出版社,2000.

神世界和个性特征。数学情感可分成数学道德感、实践感、数学美感、数学创造感和数学理智感。数学情感的积淀有助于数学观的形成。在数学活动中,数学情感通过对它的有关功能对主体的认知行为产生制约作用。如:调节功能、动力功能与评价功能、信号功能、泛化功能、桥梁和凝聚作用。在数学教学中促进数学情感宜结合具体的内容进行,采取恰当而灵活的教学模式和教学方法,创设愉快、和谐的教学氛围。主要采取以下的几种方式:1. 创设恰当的教学情景。2. 适当的学法指导。例如,体验和领略数学情感的技巧。3. 恰当的因材施教措施。4. 注重操作和学生的主动参与,充分调动学生手、耳、脑、眼等器官。通常,学生在数学课上的情感感受,综合学生的具体反映有这样几种:第一,对学习内容和过程感到有趣;第二,虽然谈不上对学习有趣的感受,但完成学习任务或者取得好的成绩感觉到愉快和满足;第三,对考试和测验的焦虑,对考试成绩很担心;第四,对数学学习活动的厌倦等。

　　由上可知,关于数学情感研究,已有文献主要侧重基本品质、体验形式、内容分类、基本功能、具体体验等方面进行研究。既便如此,卢家楣教授仅从情感教学的理论角度进行了论证与研究。对情感教育的具体实践,即情感教育的具体操作模式,在一所学校进行情感教育模式的实践探索,在国内仍然少见。教育部已把情感培养目标列为新课程标准的重要内容,全国有识之士都在探讨教育教学中情感因素的作用,一些科研领域也在探索教育中的情感问题。可以预料,情感教育模式会被越多越多的远见卓识者青睐,情感教育理论研究一定会被越来越多的专家、学者所重视,情感教育必将成为21世纪优质教育的重要内容,成为21世纪教育改革的新课题,成为教育创新的必然趋势。

　　(三)关于数学思维的研究

　　小学生数学思维能力,主要包括四个方面的内容:1. 会观察、实验、比较、猜想、分析、综合、抽象和概括;2. 会用归纳、演绎和类比进行推理;3. 会合乎逻辑地、准确地阐述自己的思想和观点;4. 能运用数学概念、思想和方法,辨明数学关系,形成良好的思维品质。

　　关于数学教学中学生思维发展的探讨,主要从遵循认知规律发展数学思维、课堂教学中学生数学思维的激发、提高学生数学思维素质的途径等方面展开。1. 学会思维。思维之所以是关键,在于思维能够对知识与经验实现超越。思考的核心是思维方式。思维方式决定着思维品质。思维品质要优秀,一要正确,二要有原创性。人之异于禽兽,在于人能思考;人与人的差异很大程度上在于人的思维方式与思维水平的差异。可以说,凡事业能取得成功、生活能过得幸福的人,莫不与思维方式和思维水平有着极大的关系。2. 思维教学。思维式教学,是将知识转化为学生的实践能力,让学生理解知识间的相互联系,使学生学会思考并能够运用知识去诠释事物的意义,甚至作为行动的指引。其目标是把知识符号内化为人的思维系统,进而发展为人的生活本能。其过程表现为教师对学生的思维品质进行培养和训练,学生在具体的情境中体验感悟,要让学生获得知识的同时还要知道知识的来源,使学生能主动建构知识并运用知识,以求得学生主体性最大限度地获得发展。学习和思维不是独立无关的两件事,学生在思维活动中学习,同时也学习思维本身,两个过程相辅相成。良好的思维能力是取得成功的关键。

建构主义理论和多元智能理论也对促进思维发展进行了阐述。建构主义认为:知识不是通过教师传授得到,而是学习者在一定的情境即社会文化背景下,借助其他人(包括教师和学习伙伴)的帮助,利用必要的学习资料,通过意义建构的方式而获得。建构主义提倡在教师指导下的、以学习者为中心的学习,也就是说,既强调学习者的认知主体作用,又不忽视教师的指导作用,教师是意义建构的帮助者、促进者,而不是知识的传授者与灌输者。[1] 多元智能理论认为:智能的基本性质是多元的,不是一种能力而是一组能力,其基本结构也是多元的——各种能力不是以整合的形式存在,而是以相对独立的形式存在。所谓的多元智能包括八大智能:语言智能、数学逻辑智能、空间智能、音乐智能、身体运动智能、自然观察智能、自我认识智能和人际关系智能。[2] 每个人身上都以不同方式、不同程度地拥有八大智能,正因为如此,所以每个人的智力特点又各具特点。

培养学生数学思维能力,一直是数学教育最传统、最重要的目的,即使是现在人们对数学教育的功能又有了进一步的认识,思维能力的培养仍然是数学教育的重要目的,各国数学教学课程标准,教学大纲中都十分重视小学生数学思维能力的培养,认为应通过数学知识的掌握,使学生熟悉数学的抽象概括过程,掌握数学中逻辑推理方法,形成良好的思维能力和合理的思

---

[1] 冯忠良等著. 教育心理学. 北京:人民教育出版社,2000.
[2] [美]霍华德,加德纳著. 沈致隆译. 多元智能. 北京:新华出版社,1999.

维习惯。

(四)关于课堂教学策略的研究

教学策略是实施教学过程的教学思想、方法模式、技术手段的简单集成,是教学思维对其三方面动因进行思维策略加工而形成的方法模式。研究者对于教学策略的阐述各不相同。目前国内关于教学策略的研究,主要集中在不同教学内容与教学方法的结合得出来的教学策略上。邵瑞珍认为,教学策略是教师在教学过程中,为达到一定教学目标而采取的一系列相对系统的行为,她强调教学策略的目的性及其整体结构。[1] 黄高庆、申继亮等从教学策略的使用角度阐述,认为教学策略是关于有效地解决教学问题的方法、技术的操作原则与程序的知识。主要包括三个方面的内容,即解决教学问题的方法、技术以及这些方法技术的操作,还有操作中的要求和有目的有计划的操作程序。[2] 而李晓文、王莹则将静态的和动态的角度综合起来考虑,但仍然偏重教学策略在教学过程中的实施技术,即在动态的教学活动维度上,它是指教师为提高教学效率而有意识地选择筹划的教学方式方法与灵活处理的过程[3]。

国外有学者认为所谓教学策略,是在教学目标确定以后,根据已定的教学任务和学生的特征,有针对性地选择与组合相关的教学内容、教学组织形式、教学方法和技术,形成的具有效率意义的特定教学方案。[4]

根据已有研究可以看出,无论是国内还是国外学者对数学教学策略都做过许多研究,得出了很多具有启发意义的结论。但是这些研究大多停留在经验层面,缺少数据支撑,很少关注学生的情感体验和思维过程的有机融合。因此,本书将从库伯的体验学习出发,进一步探讨小学数学课堂教学中的相关策略。

---

[1] 邵瑞珍.教育心理学.上海:上海教育出版社,1997.
[2] 黄高庆,申继亮,辛涛.关于教学策略的思考.教育研究,1998(11).
[3] 李晓文,王莹.教学策略.北京:高等教育出版社,2000.
[4] Shu-Shen Shin. Role of Achievement Goals in Children's Learning in Taiwan. The Journal of EducationResearch,2005,May/Jun. 310

第二章　情思数学的概述

第一节　情思数学的内涵

一、情思数学

"情思"一词包括了"情"和"思"两个方面的涵义。"情"指儿童数学学习的兴趣、动机、态度、信念;"思"主要指儿童数学学习的能力,即数学思维品质。

"情"和"思"两者是融合的、共生的,它们共同作用于数学课堂,如同一枚硬币的正反两面,又如鸟儿的左右双翅,对于一个人的全面、和谐、持续地发展均起着不可替代的作用。"思"是"情"的基础,"情"是"思"的外化;"情"侧重于外现,而"思"侧重于内蕴。"情"虽然属于非智力因素的范畴,但它在智力活动中却有着极为重要的辅助作用,是不可或缺的。"情"和"思"相互补充、促进,在共生中促进学生的全面自由地发展。

"情思数学",是一种教育理念,或者说是一种教育主张。"情思数学"是感性与理性结合的数学,推动着学生的全面发展,关乎着学生的精神价值的提升;"情思数学"是灵动飞扬的数学,它能激发学生内在的力量,支撑和鼓励学生的创造性发展;"情思数学"是真实、生动、有效的数学,激励着教师朝着教育理想迈进,用自己的教育智慧实现自己的教育理想,在学生的成长中不断成就自己。

二、情思数学教学

根据以上对于"情思数学"的探讨和分析,我们可以给"情思数学"教学一个大致的定义,"情思数学"教学是指教师在正确认识数学情感、态度、价值观、目标的情况下,针对数学内容,通过激发学生的数学学习兴趣,树立学生的数学学习自信心,个体产生学好数学的信念,从而激发学生的数学学习情感、优化学生数学思维品质，达到预期教学目标的行为。说到底，"情思数学"教学是一种实践形态。

第二节　情思数学的理性基础

一、心理学基础

学生的数学学习过程，是以学生的整体心理活动为基础的认知活动和情意活动不断互相统一的过程。在学生的学习过程中，认知因素和情感因素一直是同时发生、交互作用的，这两方面共同组成了学生的学习心理，从两个不同角度对学生的学习产生重大的影响。亦即，数学情感（意志）与数学认知是相互影响、相互补充的过程。学生是一个知情合一的人，他们渴望用自己的情感经验和认知方式做事。而小学生在情感方面的自居作用、模范趋向和自我意识有较快的发展，学习动机多倾向于兴趣型，情绪发展的主要矛盾是勤奋与自卑的矛盾，意志比较薄弱、抗诱惑能力差，需要外控性的激发、辅助和教导。教学就是要提供一种人道主义的、令人愉快的环境气氛。在这样的环境中，学生是教学的中心，他们能得到教师的理解和尊重，能使情感活动和认知活动有效地统一起来，他们的兴趣、爱好能得到最大限度的发挥。教师不以权威、指导者自居，其作用只是为学生的学习提供各种条件，教师只起到顾问、咨询服务的作用，应学生的要求参加讨论、探索。

心理学研究表明，人的情感和思维有着密切的关系，当人处在平等、民主、宽松的学习氛围中，学生会思维灵动，智慧的火花不断闪现。尤其当人处在兴奋状态之下，往往会灵感涌动，妙思连翩。相反，人如处在压抑、恐惧的学习状态下，往往思维之门禁闭，大脑一片空白，茫然不知所措。要让儿童的情感伴随着学习活动，有一个过程，其间包含着儿童的心理进程。该理论要求我们应为学生创设一个心理自由和安全的学习环境，在教师与学生之间建立一种和谐、民主的伙伴关系。

二、生理学基础

脑科学的研究表明，大脑在接受信息方面依赖于它所使用的感觉种类的等级差别。大脑接受信息最有效的的途径是"Being There"的体验方式。

首先是"身临其境"的亲身体验,其次是"沉浸"体验,第三为真实的"动手"体验,第四是替代性的"动手"体验,第五为来自真实体验的影像、模型等,第六才是抽象的符号。

优势半球研究也发现人的左脑功能与领悟过程是完全一致的,它是抽象的,象征的,分析的和口语的;而右脑功能则与感知过程相一致,是具体的,整体的和空间的,它的功能是非真实的,是图画事物异同之处的辨别与模仿。在人类活动中,这两种理解世界的不同方式是非常明显的。

在小学数学教学中加强学生学习情感的培养,可以平衡和协调大脑两半球的功能,可以提高课堂教学效率,有利于培养儿童的思维能力和品质。

三、库伯体验学习理论

体验是人们在实践中亲身经历的一种内心活动,体验更多的是情感活动,是对情感的一种体会。还有学者将体验的过程理解为个体自我建构的过程。如张华教授认为体验是"意义的建构与价值的生成"。也有人认为体验是一种情感化的融通性的全息认知(活动),它使人在主客交融的视域中,达到对关系世界的理解和对生命意义的洞悉。所谓全息,"就是指部分包含整体的信息"。体验往往是瞬间性的,但却包含了体验者全部的人生阅历、经验,即其意识内容是一种跨越时空的整体性存在。体验者的"过去"与"现在"甚至"未来"交互渗透,成为"当下"的意识事实,整体地呈现于"这一个"体验中。

由此,我们可以这样定义体验:体验,既是一种活动,也是活动的结果,更是一种心理状态。作为一种活动,即主体亲历某件事并在亲历中经历着生理、心理、认知及情感的变化;作为活动的结果,即主体从亲历中获得的有关活动情景的表象及相应的认识和情感的融合统一;作为一种状态,是主体受内外刺激而具有的心境、情绪和情感。

大卫·库伯认为:"体验学习是体验的转换和生成知识的过程。"[①]这个定义强调适应与学习的过程,而不是内容或结果;知识是一个转换的过程,是连续不断的创造与再创造,而不是可获得或可传递的独立过程;学习转换

---

① D·A·库伯著.王灿明、朱水萍等译.体验学习:让体验成为学习和发展的源泉(Experiential Learning: Experience as the Source of Learning and Development)/(美).上海:华东师范大学出版社,2008

的体验包含主观形态和客观形态两种体验；要理解学习，必须理解知识的本质是什么，反之亦然。体验学习是教育者引导学生将自己的全部身心投入到与外部世界的交往之中，进而生成反思与实践的学习方式。这样的学习方式对学生的情感引领和思维品质的提升起着重要作用。

本书中的体验理论特指美国大卫·库伯关于体验学习的相关理论。

四、建构主义学习理论

建构主义学习理论认为，个体的认知发展与学习过程密切相关，学习者不是被动地接受和储存外界输入的信息，而是在原有认知结构的基础上同化、顺应、平衡和建构当前所学的新知识。学生是学习的主体，是认知和信息加工的主体，是知识意义的主动建构者。学习不是由教师向学生的知识传递，而是学生自己建构自己的知识的过程。学生的学习是主动的，是通过对外部信息的选择和加工主动建构信息的意义。这种建构不能由他人替代完成，应是学生自己对各种现象的理解、看法、体验、探索以及学生间的交流、质疑，从而不断丰富或调整自己的理解，以建构清晰、完整的认识结构。

建构主义理论还强调学习情境的重要性，认为学生的学习是与真实的或类似于真实的情境联系着的，是对一种真实情境的体验。学习者只有在真实的社会文化背景下，借助于社会性交互作用，利用必要的学习资源，才能积极有效地建构知识。

建构主义理论主要有三个基本观点。[①] 第一，学习是一种意义建构的过程。人们对事物的理解与其自身的认知结构有关。学习者在学习新的知识单元时，不是通过教师的传授而获得知识，是通过个体对知识单元的经验解释从而将知识转变成了自己的内部表述。知识的获得是学习个体与外部环境交互作用的结果。第二，学习是一种协商活动的过程。学习的发展依靠人的原有认知结构。由于每一个学习者都有自己的认知结构，对现实世界都有自己的经验解释，因而不同的学习者对知识的理解会不一样，从而导致了有的学习者在学习中所获得的信息与真实世界不相吻合。此时，只有通过社会"协商"和时间的磨合才可能达成共识。第三，学习是一种真实情境的体验。学习的目的不仅仅是要让学生懂得某些知识，而且要让学生能真正运用所学知识去解决现实世界中的问题。

---

① 何克抗.建构主义——革新传统教学的理论基础.学科教育.1998年第3期

因此，作为教师，我们应为学习者创设一个逼真的学习"情境"，在这一情境中应以学习者为中心，以媒体为学习和认知的工具，教师只是意义建构的组织者和指导者，要充分鼓励学习者依据各自不同的学习水平和学习风格进行个性化的学习。

第三章 情思数学的理性探究

第一节 情思数学的研究基础：理解数学、享受数学

数学是自然科学的一门主要学科，是自然科学的王冠，其本身具有的应用价值、文化价值和智力价值，确立了它在学校课程中的重要地位。马克思说："一种科学只有成功地运用数学时，才算达到真正完善的地步。"在传统的数学中，许多人感到数学总是一大堆数字、符号、理论、法则，数学内容是枯燥乏味、抽象难懂的。因此，只有让学生真正理解数学的内在价值、本质含义，才能把他们吸引到数学的世界之中，才能让学生的情感得以发展，思维品质得以提升。

一、理解数学

（一）数学是理性思维的科学

著名数学史家克莱因说："数学是一种精神，一种理性的精神。"是的，数学是一门系统性和实践性很强的学科，它是研究现实世界的空间形式和数量关系的一门科学。虽然作为学科课程的数学经过生活化、人文化，但亦不能离开科学的准则和结构。任何事物都有一定的量，因此，关于显示生活中的各种与形状和数量有关的问题，都可以作为数学的研究对象，但是，数学并不完全等同于知识的简单汇聚，数学知识是由许多具体的特殊的数学现象，用科学的思维方式进行不断分析和探索而得到的。它是一种对于人类理性思维的养成和发展有着特别意义的科学活动。

（二）数学是生活

现实世界是数学的丰富源泉。"宇宙之大，粒子之微，火箭之速，化工之巧，地球之变，生物之谜，日月之繁，无处不用数学。"数学家华罗庚的这段话言简意赅地说明了数学的广泛应用性。数学即生活，它来源于生活，扎根于

生活。可以这样说,儿童一生下来就生活在数学的氛围之中,儿童因为生活而了解数学、学习数学。生活本身就是一个巨大的数学课堂,每个人都有着自己的生活、工作,有自己独特的思考世界、反映世界的各种数学概念、运算方法及有关数学知识结构,因此,每个人都有自己特定的数学现实。

(三)数学是美

英国著名哲学家罗素说:"数学,不但拥有真理,而且有至高的美。"数学的美不像自然美、艺术美那么鲜明、亮丽而潇洒,也不像其他社会美那么地直观和具体,它抽象、严谨、深沉、冷峻而含蓄,是一种理智的美。数学美要求欣赏者具有一定的数学素养,而且还要求其摒弃任何主观情感,这样才能体味其美的真谛。

(四)数学是工具、是故事、是游戏、是问题、是语言……

二、享受数学

(一)让学生在数学世界里自由翱翔

1. 享受数学的趣味

学习兴趣是推动儿童学习的内驱力。学生有了兴趣,就会产生探求知识的欲望,形成积极的"心向"。

在教学中,应有意识地不断创设与学生心理需要变化同步的情境,诱发其学习的热情,促使学生更深入地思考。让学生时常感受到"数学真奇妙!",从而产生"我也想试一试!"的心理。要达到这样的效果,可利用愉快的游戏、生动的故事、激烈的竞赛、入情的表演、热情的掌声等创设出一系列愉悦的学习情境,激发学生的学习情趣。在这样的情境下教学,除了知识的传递,更多了一份情感的交流、一次思维的碰撞。精心的设计,定能唤起学生学习的热情,发现学习数学的乐趣。

2. 享受数学的作用

数学课上要让学生试着寻找有关的数学问题,使学生体会到我们的生活中蕴涵着丰富的数学问题,让课堂充满探索气息。例如,要春游了,老师组织学生了解公园里的游玩项目、价格,从而利用已有知识制定游玩方案。如此组织活动,每一位学生都可以积极参与,充分体现了孩子们的奇思妙想,显示了他们的特有的纯真和童趣。这样,数学在他们的眼里就是有用的、是现实的。这样的活动提高了学生对数学的认识,唤起了学生亲近数学的热情,体会到了数学学习与生活同在的乐趣。

3. 享受数学的精彩

数学课堂是学生思考的天地,教师创设的一切机会都是为了让学生学会思考,乐于思考,善于思考,只有这样,数学才能展示其精彩的一面。

在教学中有意识地安排一些问题让学生多途径思考。以这种方式激发孩子的好胜心理,也激励他们积极思考。我想,儿童的头脑里蕴藏着无穷的潜能,如果激励他们多多思考,一定能体味出更多的精彩!

4. 享受数学的成功

"教育教学的本质就是帮助学生成功。"(柳斌同志语)如果一个孩子从未获得成功,没有成功的体验和机遇,往往会自卑、消极,甚至于自暴自弃,而一次成功的体验却可以十倍地增强儿童的信心。因此,课堂上教师应毫不吝啬自己鼓励的眼神、赞许的话语。教师在批改作业时尽量少一些令人生厌的"×",可以写上"再算算"、"你离成功只差一步了!"这样的文字,或者给一个难受的"哭脸娃娃",聪明的孩子一定会从你的一言一行中体会到很多。

数学教学中,只有给予孩子尊严、鼓励、勇气、热情等,使他们获得成功的体验,数学教育才能真正成为一种精神享受。

(二)让教师融入情思数学的精神境界

当前,绝大多数数学教师眼里的数学就是教科书、教学参考书及一大堆的概念、定理、法则等。他们把教学当成一种任务来完成,工作效率就大打折扣。把教学仅仅看成一种职业,一种谋生的手段,这样的教育观念只会使自己变得浅薄,使自己工作起来毫无积极性可言。

1. 体验课堂教学的情感魅力

愉快的情感投入,将直接影响教师的数学教学活动。列宁说:"没有人的情感,就从来没有也不可能有人对真理的追求。"教师要善于给自己寻找快乐。当你翻开那些生动形象、色彩缤纷的数学课本,当你发现那些发展创造性思维的基本训练,你一定能感受到数学的魅力无穷;当你看到那些渴求知识的眼睛,当你听到那独树一帜的见解,你定会感到教学生命的价值和意义。

2. 焕发课堂教学的生命活力

只有淡化功利,真正深入孩子的心灵,了解他们的个性,教师才能体会到数学教学的生动有趣。我们不要一味指望通过数学使孩子变得如何聪明,我们要提供的是宽松自由的环境,让孩子的数学才智得到最大的发展。只有这样,数学才不会让人觉得枯燥无趣,数学教学才能成为一种享受。课堂上呈现的是教师热情洋溢的语言,缜密而灵活的思维,教学生命在涌动、在成长,数学课堂也将焕发出生命的活力。

第二节 情思数学的终极指向:让学生学会"数学地思维"

一、对小学数学的再认识

(一)儿童以自己的世界认识数学

对儿童来说,数学是今后了解世界、认识自然、改造自然的一种工具。但儿童并不是生来具有这种理念,他们为了了解周围的世界,以自己的方式来学数学。可以这样说,儿童一生下来就生活在数学的氛围中,以前我们的教学忽视了这一点,儿童因为生活而了解数学,而不是因为数学而了解生活。因此,教师要从儿童的生活中提炼数学,从儿童的世界里寻找与数学的共鸣点。

(二)儿童以自己的经验学习数学

在日常生活中,儿童经常有加减乘除等运算体验,如购物活动,上乐园游戏,去酒店就餐等。在这些活动中他们有了自己的数学体验,增加了对数学的认识,建立了自己的数学概念。也许这些认识是模糊不清的甚至是错误的,但对孩子来说,却是生动有趣的、真实可信的。这是他们进一步学习的基础。因此对于现在的小学教学来说,小学数学知识已不是"新知"而是"旧识"。在他们的生活中,已有许多的数学储备,学校数学学习是他们生活中有关数学现象经验的总结和升华,每一个学生都从他们的现实数学世界出发,与教材内容发生作用,建构他们的数学知识体系。

(三) 儿童通过他们熟悉的现实生活逐步发现和归纳数学结论

教师需用学生感兴趣的现实生活、有趣的数学史实组织教学;用活动的、自主化的学习方式建立数学结构。因此,教师应提供让学生探索、讨论、实践、调查和解决问题的机会,让学生在熟悉的情境中学习数学。

二、数学教学的最终目的就是要使学生学会"数学地思维"

数学教学的最终目标就是要使学生学会"数学地思维"。前苏联教育家苏霍姆林斯基说过:"真正的学校应当是一个积极思考的王国。"数学教学正是思维活动的教学。在教学实践中,应充分依据教材,对学生进行思维训练,不断变化教学内容和教学方法,精心设计练习,有效地发展学生智力,激发学生的求知欲望。

(一) 营造合理情境,激发思维火花

小学生年龄小,理解水平相对较低,且又活泼好动,注意力难以长时间集中,而数学知识又比较抽象和枯燥。教师如果一味地传授知识,讲解理论,学生只能在"要我学"的压力下被动无奈地接受知识,学习成了一件辛苦的事情。教师在教学中若能努力营造轻松愉快的学习环境,就能引发学生浓厚的学习兴趣,使他们很快进入积极探索,主动求知的境界,从而乐于思考,自己发现教师想教的原理和结论。

数学教学要使学生既长知识,又能将所学知识应用于实际。教师应努力激发学生的学习情感,将数学与生活联系起来,学习有活力的、活生生的数学。因此,可以通过操作活动,或创设一些贴近学生生活的实践活动来发展他们的学习主动性、责任感和自信心,使他们养成独立思考数学问题、解决数学问题的能力。在各种不同的实践活动中,学生敢想敢说,积极思考,主动了解,从而体验到探索的艰辛和喜悦。学生参与度的加大使他们在充满生活气息的氛围中掌握了知识。

(二) 发掘智力因素,培养思维能力

不论是教材中的例题、作业,还是数学趣味题或测试题等,都要选择那些既适合学生认知发展水平,又有充分智能训练价值并能培养学生思维能力的题目来作为数学活动的教材。作为教师,就是要重视挖掘教材中的智力因素,从不同角度加以引导。在教学中,要给学生创设一些独立思考的机会,发展学生对问题进行分析、判断、概括的能力,让学生接受有趣味、有价

值的问题的挑战,从而启发思维。实践证明,充分挖掘教材中的智力因素,认真把握和驾驭这方面内容的教学,对促进学生思维发展、培养学生思维能力是大有益处的。

（三）精心设计练习,不断发展思维

练习是数学教学的重要组成部分,它是思维的载体,什么样的练习就会产生什么样的思维。恰到好处的练习,不仅能巩固所学知识,而且能启发思维。

1. 增加变式题、综合题的训练

这种类型的练习训练了学生思维的全面、科学、有序性,不仅使学生所学知识得到了深化,更使学生的思维有了充分拓展的空间。

2. 适当设计开放性习题

在数学思维活动中,由于数学材料的移位、变化、变式等原因,学生思维受到限制,呈现呆板性。训练时教师可根据学生实际,适当设计一些开放性的题目,培养学生思维的开放性和灵活性。

第三节　情思数学的情感价值:拥有儿童视角

虽然我们也曾是个孩子,但当我们当久了大人的时候,再回到过去,只剩下美好的回忆。我,怎样变成长大的儿童,值得我们每一位教育工作者思考。

——题记

这是一个真实的故事。一天,一个大学教授家长被孩子的老师喊到学校。原因是,这个二年级的孩子在计算 $9×7$ 时,将答案写成 36。当着孩子的面,老师说:"X 教授,你看你的孩子多粗心,$7×9$,竟然将 63 写成了 36。你们回家一定要好好教育孩子,做事要细心啊!"教授当时答应了老师的要求,但他不相信自己的孩子会犯这样低级的错误。回家后,他问孩子:"孩子你口诀背得很熟啊,七乘以九等于多少?"孩子说:"七九六十三。""那 $9×7$ 怎么变成 36 了呢?""$7×9=63$,$9×7$ 和 $7×9$ 的顺序相反,我想,答案也应该反过来啊!"

第一次听到这个案例,我被深深地震撼。儿童视角,我们离你到底有多远?

一、教师应该拥有儿童视角

一道错题,教师简单地归咎于孩子的粗心,却不知,简单的数字背后藏着孩子周密的思考,这是孩子主动思维所产生的美丽错误。

作为数学教师,我们是否站在儿童的立场去思考我们的教学,是否真正从儿童视角去研读教材,是否一步步靠近儿童真实的学习,走近儿童的心灵,我们的课堂是否有着不同于成人的精神气质?没有,或者说很少,我们的数学教学没有真正地做到顺应儿童的自然本性和成长规律,我们关注更多的是儿童的认知因素和思维结果。所幸的是,这样的状况正在逐渐得以改变。

前几日听课,一位老师执教《分数乘整数》,她没有按照教材情境一步步教学,而是布置一系列预习任务,其中有约分,有相同加数相加改写为乘法算式以及同分母分数加法,在充分了解学生学情基础上,她请学生完成新知探究:你能试着完成3/10×3吗?有困难时可以请书本P38的例1帮助你,如在学习过程遇到疑问请及时问我哟!在这个教学片断中教师由于能了解到儿童的认知起点,更重要的是她能努力走近儿童,尽可能用儿童爱听爱看的方式表达,没有将成人经验强加于儿童之上,教学中师生情感交流特别顺畅,儿童没有陷入被老师牵着走的怪圈,学习已经成了他们内在的需求。

儿童教育家蒙台梭利曾这样说:"成年人把儿童看做是心灵空无一物,有待于他们尽力填塞的某种东西而已。"事实上,儿童的数学学习有着特殊的密码,儿童学习数学的世界是他们自己的世界。要想走进这个丰富独特的世界,唯有洞察儿童、走近儿童,了解儿童的数学学习心理,了解儿童数学知识获得背后的思维过程和生活背景。要做到这些,就必须拥有儿童视角,用儿童的眼睛来看儿童的数学,这样才能让儿童接纳属于他们自己的儿童数学。

二、真正的儿童视角

"没有情感,无论何时没有过也不可能有人类对真理的探求。"[1]我们知

---

[1] 吕达,周满生.当代外国教育改革著名文献,[M].北京:人民教育出版社,2005.

道,对于教育这项特殊的人类活动,活动的双方都是有着丰富情感的个体。作为教师,我们心里深深明白,也认为自己已经尽可能满足了儿童的各项需求,可是事实上我们并不清楚儿童究竟是如何学习数学的,他们到底喜欢什么样的数学,我们以为的"喜欢"很多时候也只是我们教师的一厢情愿,最终导致的是儿童的"被喜欢"。我们甚至常常歪曲了儿童的错误,我们以为的"错误"其实并不是简单的粗心和不认真所致。案例中的数学老师认真负责,这从对儿童小小的错误都能和家长沟通中可见一斑,然而他忽略了儿童的真实思维过程,仅凭借自身的经验从成人的角度来分析孩子的错误,就这样想当然地将孩子的错误原因归结为"粗心",殊不知孩子出错的真正原因并不是简单地将数字的数位顺序写颠倒了。

想起国庆期间,和儿子一起摘桂花,一把漂亮的伞映入眼帘。我说:"快看,有一个人撑着一把伞。"他忽然大声笑起来,止也止不住。好不容易停止了笑声,我才知道原来他想起了学校里的一件事情,说是课间休息时一个同学拿着伞唱"有一个人啊拿着一把伞……"同时他再次忍不住大笑起来。我说:"真不知道,这有什么好笑!"他说:"你不是小孩子,所以不知道!"是啊,我不再是小孩子,又怎能感受着他的感受!

法国作家圣埃克苏佩里在《小王子》中说,"所有大人原先都是孩子,但他们中只有少数人记得这一点。"我们早已经走过了童年时光,回忆再美好也不能回到童年的生活。即便像我这样和儿童谈及自己小学数学学习的种种困境,也只是作为励志故事罢了。教育教学中,我们中的多数人总是不由自主用成人的视角看待儿童和教育儿童。我们和儿童的疏离往往就是因为和儿童的视角不一致导致。我们常常不能站在儿童的视角去观察事物和思考问题,于是快乐着的仅是他们的快乐,忧伤着的也是他们的忧伤,我们走不进儿童多彩的内心世界。

正因为如此,孩子不喜欢我们的教育。

三、怎样才能拥有儿童视角

(一)怀一颗未泯童心

岁月流逝,我们不可避免会和儿童在年龄上产生距离,但是,是否拥有一颗未泯的童心,对于教育来说至关重要。著名教育家丰子恺先生情愿做一个"老儿童",他特别强调童心的重要:"我相信一个人的童心,切不可失去。大家不失去童心,则家庭、社会、国家、世界一定温暖和平而幸福。"怀着儿童般纯真的感情,站在儿童的立场,设身处地体验儿童的感受,用儿童的眼光去观察周围的事物,用儿童的观点去处理一些事情,如此才会拥有儿童视角,才会多一份对孩子的理解与关爱。

作为教师我们拥有专业的学科眼光,我们能从教师的视野来审视教材,用教师的责任来诠释教材。然而,仅仅做到这些还远远不够。对于我们的教育对象——儿童来说,能否站在儿童的角度最大限度地让他们从教材中汲取养分非常重要,这样就避免了我们对"教的精彩"的过分重视和追求。

只有拥有童心的教师才能用儿童的眼光去解读教学。当我们用儿童的身份去解读教学内容成为一种自觉行为,教与学的过程就会变得充满童趣,和儿童在一起的每一刻都会变得弥足珍贵。我们不再拘泥于教材,不再盲目照搬教参资料,我们格外珍视童心世界的课程价值,我们眼中有鲜活的教学情境和真实的儿童个体,我们会从儿童的实际出发,对教材作出适当的裁剪或调整。如学习《万以内的读法》后,可以以儿童喜欢的"抽奖活动"形式来解决这样一个问题:用2、5、8写出几个三位数。新颖刺激的活动形式大大调动了孩子的积极性,课堂上甚至出现了激动的欢呼声。此时此刻,作为教师的我们是和儿童一起享受快乐还是板起面孔训斥?罗曼罗兰说:"要散布阳光到别人心里,自己先得有阳光。"我想,一个拥有童心的老师一定会和儿童站在同一视角,去看待教材和周围的事物,我们就理解了儿童,我们也因此获得了单纯的快乐。

童心视角让我们更加明白儿童才是自己学习的主人,数学应是儿童自己的数学,她不仅仅是枯燥的公式、定理,真正的数学有欢笑和温度。当一个问题出现,解答过程中出现"我还有不同想法!"、"这个想法比刚才的要简便!"、"××的想法我听懂啦!"等各种声音,作为教师的你是否能微笑着肯定?教学《长方体和正方体的认识》单元时,常常会在各种作业或检测中看到类似题目:一个长方形沙坑长6米,宽2米。在这个沙坑内铺上5分米的黄沙,你知道坑内黄沙有多少立方米吗?这是一道简单的已知长、宽、高求体积的问题,然而还是有不少学生出错。寻找错误背后的原因,我们会发现,几乎都是因为没有注意到"单位名称不统一"造成。此时,板起面孔批评有用吗?如案例中的老师一样仅仅将原因归结为粗心有用吗?错了的题还是错着,以后遇到类似问题还会出错。于是,我首先肯定他们思路的正确,然后和他们共同分析原因,并风趣地告诉他们,"5分米"就像一个陷阱,细心的人就能小心避开。再遇到类似问题,他们会心领神会地大声说:"这里有陷阱!"也有可能会有孩子说:"唉,我又掉进陷阱了!"几次下来,班级中类似问题很少再出现。当我们跳出成人的思维,清除成人的经验成分,不再以教师的权威去教训或者压抑儿童,不再强加成人化的思维给儿童,我们所期待的异想天开创新见解,我们想看到的主动学习场景、别样的精彩一定会在数学课堂呈现。

(二)试着包容倾听

教育需要师生的真诚互动,需要彼此的信任、理解。更重要的是要时刻记住我们面对的是一群正在成长的儿童,他们会调皮、会犯错,此刻的我们得想儿童之所想,思儿童之所思,用儿童的眼睛去观察,用儿童的耳朵去倾听,用儿童的心灵去包容。

我们常常看到课间休息或出游时儿童放松的姿态,欢声笑语、奇思妙想,甚至是妙语连珠。可是课堂上的他们却选择了沉默。究其背后,我们会看到一个苛刻的教师,不是有温度的严格,而是无表情的严厉。儿童既然是儿童,他就有出错的权利。苏霍姆林斯基这样说:"教师职业意味着他放弃了个体喜怒哀乐的权利,应使自己胸怀宽广。"微笑着包容是一种理解和鼓舞,能够让学生坦然面对错误或者失败,这样才能自信地战胜缺点,而不会总是觉得成人世界强大和无礼。

选择包容的教师就会选择倾听。倾听是师生理解、沟通和交流的基础,是一种能力,也是一种修养。不会或不愿倾听儿童的教师,他的眼中有学生心中却没有。真正的倾听意味着一种平等,真正的倾听是心与心默默地靠拢,是情与情悄悄地对流[①]。

在小学数学课堂教学中教师常会安排儿童自主探究,然而这样的探究总是有限,并不能完全脱离教师,教师耐心地倾听和有效地引导显得尤为重要。一次听课活动中,教师教学《百分数的意义》,当有孩子提出是否有千分数,他鼓励学生自己设计千分号。当各种各样的千分号出现在黑板上,有的甚至可以用奇形怪状来形容,教师没有简单否定,而是认真倾听,并不断表示"有意思!"、"你的想法与众不同!"等。于是我们听到了来自儿童真实的声音:"百分号有两个圈,我猜千分号应该有三个圈。第三个圈不知放哪里,我就画在斜线上了。""我也画了三个圈,但都在斜线的右边,就像从山坡上

[①] 秦志强,陈明华.教育:从倾听开始.中小学教师培训,2003

滚下来一样。"奇特的想象、放飞的思维来源于教师真诚的倾听，倾听给了儿童支持性的学习环境，让儿童享受成功和被认可的喜悦与尊严感，同时也感受着生命与生命的呼应。

（三）不妨多问一句

面对儿童的错误，我们常常采取回避政策，或如秋风扫落叶般将错误扼杀在萌芽状态。长此以往，儿童的积极性消逝殆尽，面对错误的恐惧与日俱增。殊不知，有些错误反而更有利于孩子掌握知识，错误背后可能还藏着强烈的探究欲望或是积极的思维过程。站在儿童的视角，多问一句"你是怎么想的？"，你会发现，错误其实是一件很有价值的宝贝。

蒙台梭利曾说："儿童是小小的探索者，是上帝的密探。"数学思维的空间是无比广阔的，一些看似离经叛道的答案却隐藏着创造性的思维之光。教学一年级《统计》一课，最后的涂格子阶段，大部分孩子都会选择从下面涂起，一个孩子回答："我是从上面涂起的。"是置若罔闻还是多问一句？多问一句你会听到这样的回答："这里一共有十个格子，去掉最上面的一个，就剩下九个。我就从第九个开始涂了，涂好后再往下涂，一直涂到最下面一个，不用再数了。可是如果从下面涂起，我还会担心会不会涂过了。"多么巧妙的方法！可惜，很多时候我们会不问原因只看结果，于是简单以对错论处。其实多问一句，给儿童充分表达的时间和空间，课堂就会出现另一番更美的景象。

站在儿童视角看待教育教学中的问题，对每天的工作充满热情，我们才会真正领略教育的真谛。

第四节　情思数学的思维价值：让课堂流光溢彩

什么是"数学思考"？"数学思考"就是在面临各种问题情境，特别是非数学问题时，能够从数学的角度去思考问题，发现其中所存在的数学现象，并运用数学的知识与方法去解决问题。

数学课堂的核心是数学思考，数学思考能力的培养是新课标提出的要求，是时代赋予我们的责任。有人这样说：思考是学生学习数学的本质特点，是数学知识的本质特征。课堂教学中，高效成功的数学课堂就是学生思维的碰撞，智慧火花的闪现，师生情感的交融。

一、营造氛围,为数学思考提供环境

数学课堂的氛围是师生展开心灵对话、进行思想交流的场域,是学生开展学习活动的依存点。我们要善于营造这样一个有利于数学思考的氛围,创设一个适合数学思考的良好环境,使学生感到教师是自己的亲密朋友。在这样的空间里,学生有了充分的心理安全感和自由感,没有害怕和胆怯,不怕出错与失败,可以无拘无束地表达自己的思想和情感,真正实现心理表达的自由和开放。

【案例】"用字母表示数"的教学片段

师:课前老师了解了一下,多数同学今年11岁。给你们起名叫做"甲",那么老师叫什么呢?

生:叫"乙"。

师:能用上"甲、乙"说说我们之间的年龄关系吗?

(同学们开始猜测)

生:我们之间的年龄关系是"乙比甲大10岁"。

师:虽然老师不是21岁,但还是由衷高兴,因为,年轻真好。(学生笑了)

生:那我猜我们之间的年龄关系是"甲比乙小20岁"。

师:厉害!不仅猜得对,而且换了一种说法。下面请同学们说说乙的年龄,甲是11岁,那么乙是多少岁?

生:31岁。

师:如果乙是33岁,那么甲呢?

生:13岁。

师:如果乙是 x 岁,那么甲呢?

生1:y 岁。

生2:a、b、c……

师:到底多少岁呢?老师请你们想个办法,用含有字母的式子,让人一眼看出"乙比甲大20岁"。小组合作,商量商量吧!

生1:我认为是 $y-20$ 岁。因为乙是 y 岁,并且乙比甲大20岁,说明甲比乙小20岁,所以用 $y-20$ 来表示甲的年龄。

师:说得多清楚,多完整啊!不仅用上了字母表示,而且让人一眼就看出两人的年龄关系。

上述过程中,教师用生动的语言和鲜活的课程资源,不断调整自己的教学行为,课堂氛围轻松愉悦,真正实现了师生之间的"零距离"沟通。这样的数学课堂让学生享受到了思考的快乐,数学思考像欢快流淌的小溪,水流清清,悄然无痕。和谐、自由的教学氛围激发了学生的学习兴趣,引起学生的认知冲突和探究欲望,促使学生积极主动地开展思考探究活动。

二、有效指导,渗透数学思考的方法

数学要给孩子一双用数学视角观察世界的眼睛,一个能用数学思维思考世界的头脑。可见,正确的思考方法是数学思考的基础。它能让学生逐步深入思考,能充分激发学生的思考兴趣。因此,教师要教会学生一些思考的方法,让学生拥有思考数学问题的"法宝"。只有学生会学了、会思考了,他们才会创造,这是实现高效课堂的关键,也是素质教育的核心内容。

(一)数学语言——清晰表达思考过程

如何让学生"生活在思考的世界里"? 一定要抓住"数学语言"这个数学思考的"外在工具"。学生数学语言水平的高低,直接影响其数学能力的发展。

在教学"看图解决实际问题"时,我会先出示情景图,问:"图上画的是什么? 能用自己的话说说图画中的条件和问题吗? 该用什么方法解决这个问题呢?"一次次地引导,一遍遍地补充,学生慢慢学会了完整表达自己的意图。就图中的"小鸟"这个信息,有学生说:"大树上已经停了3只小鸟,又飞来了6只,一共有几只小鸟?"我表扬这位学生说得好,同时继续引导学生用不同的数学语言来表达同一种图意。通过对数学信息的观察和思考,有助于培养学生准确运用数学语言进行表达的能力,也有助于培养学生的思维准确性和灵活性。

(二)质疑——引发深刻数学思考

如今很多的数学课堂,特别是公开课追求形式的华美,多媒体课件的应用、热闹非凡的游戏充斥其间,学生独立思考、讨论质疑的时间被挤压。偶尔有学生闪现思维的火花,教师也常常视若无睹。如一位教师在执教"认识面积"时,学生用红色笔描画图形边线,用蓝色笔涂满图形。此时,有学生提出"是不是周长大的图形面积也大些啊?"这是一次很好的思考辨析的机会。可是有的教师为了执行自己的预定设计,担心问题的解决会影响课堂的顺利进行,常选择了不置可否,十分的遗憾。

教学"年、月、日"时,学生通过学习已经了解到年、月、日的相关知识,此时,教学活动如果就此结束,学生只是在教师的要求下接受一个又一个知识点,这样的学习缺乏探究与自主思考。若能适时提出"为什么平年是365天,闰年是366天?""为什么四年一闰,百年不闰,四百年又闰呢?""关于年、月、日,你还有什么疑问吗?"等问题,全新的想法,指引着学生自主地思考,他们自觉查找相关资料,从而对年、月、日的认识经历一个从模糊到清晰的过程。古希腊有这样一种说法:"学问自惊异开始。"说的就是良好的数学思考习惯,离不开质疑能力的训练与培养。数学老师要善于在教学的关键处质疑,于行进之间,于精彩之处,此时,可能会有安静地思考,抑或会出现激烈地争辩,思考的火花就此跌荡起伏。

(三)对话——提升思考含金量

很长时间以来,"对话"仅停留在形式上的"师问生答、师起生止",似乎一切尽在掌握之中,这其实是一种变异了的"独白"。如今,沉寂的数学课堂也因为"对话"使学生的言说权得到体现,课堂因而生机凸显。这里所说的"对话"不是时尚的名词,不是简单的讨论交流,而是指"本真的、高品质的、和谐的"对话。这样的对话将"朦胧的浅表和直白"变为"深刻的内涵与意蕴"。

【案例】"乘加、乘减混合运算练习课"教学片段

学生一般见到的都是乘法在前、加法在后的算式,练习得多了,学生计算正确率也很高。一般的教学设计到此为止,见好就收了。而我独具匠心,为提升学生的数学思考,防止消极思维定势,我请学生完成"$2+6\times3$"这一题,计算教学因此平添了几分思考的含量。

果不其然,有几个学生上当了。他们是这样计算的:

$2+6\times3$
$=8\times3$
$=24$

我没有急于纠错,而是让学生观察发现。

师:他这样做对吗?

生:他做错了,因为乘加算式,应先算乘法,后算加法,他先算加法了。

师:这种题还真容易出错。做错了的同学,谁能勇敢说一说当时是怎样思考的呢?

生1：我习惯了前面的运算先算，没有考虑乘加算式的运算特点，所以就出错了。

师：还有一种计算过程是这样的，这样做对吗？

$2+6\times3$
$=18+2$
$=20$

生：也不对，第一步应是2+18。

师：为什么呢？18+2和2+18结果不是相同的吗？

学生似乎没办法回答。

师：没关系，我们再来算一题$10-4\times2$。

教师提问：这里如果把先算的4×2的结果8先写下来行吗？

快速比较后，学生回答："我知道了，书写时要按原来算式的顺序写，并不是说先算的部分就写在前面。如果这样的话，就会出现8-10的算式，我们还不会计算呢。"

在上述案例中，对话产生在知识生成之时，教师创设了一个动态的开放的思考空间，顺着学生的思路，因势利导，展开了平等有效的对话，学生愿意袒露心扉，说明出错原因。在这样的对话交流中，思考魅力尽显。

三、实现增值，体会师生的生命价值

课堂就是流动着的生命的舞台，时刻体现着对生命成长的热爱，课堂教学应是师生人生中一段重要的生命历程，是师生生命意义的构成部分。数学思考，使课堂中那些没有生命色彩的知识变得绚丽夺目。在这样的课堂上，师生全身心投入，他们不仅是完成教和学，也是在感受着生命的涌动和成长！在这样的课堂上，学生茁壮成长，教师完美展示智慧与才华，他们共同参与、情感互动、彼此欣赏、共同成长；这样的课堂，涌动着生命的灵性，充满着智慧的灵光，师生共同体验着思考的快乐，体会着生命的价值！

提高教育质量，体会师生的生命价值，课堂永远是主阵地。数学思考的培养应贯穿于课堂教学的始终。没有数学思考，就没有真正意义上的数学学习，也就不会出现高效的数学课堂。因此，我们要努力去除课堂教学表面上的"生动活泼"，去除学生数学思考苍白和肤浅的现象，让数学思考为学生数学能力的提升、数学素养的积淀提供有力的动力保障，让数学课堂因为有效的数学思考而流光溢彩，在师生生命的历程中绚丽光彩。

第四章 情思数学的研究价值

第一节 彰显素质目标

一、关注儿童创新意识的培养

(一) 树立正确的创新育人观

前苏联著名教育家沙塔洛夫指出:"教师的创造性是学生创造性的源泉。"教育的目的不仅仅是传授人们共知的东西,而是不断引发作为人的独特本质的创新精神,启发学生内在的学习动力,点燃他们的灵感的火花,引导学生朝着未知的神秘地带进发,让他们成为能够自觉、自由创造的人。

1. 用民主的态度待学生

和谐宽松、民主平等的师生关系,能使学生消除对权威和失败的畏惧,从而活跃思维,乐于提问,勇于创新。教师要改变"师道尊严"、"居高临下"的姿态,把学生看成学习的主人,让学生在没有任何压力的情况下,积极思考,大胆发言,说自己想说的话。教师要尊重学生,真心诚意地与学生平等交流,热情倾听他们的意见和心声,保护学生的主体意识和自主精神,使学生有机会进行多种多样的尝试体验。教师要时刻把微笑带进课堂,这样才能给学生亲切感,才能拉近师生间的心理距离,消除他们在数学学习过程中枯燥、冷漠等情绪,激发他们对数学学习的强烈追求和向往,驱使创新意识的产生。很难想象,在一个缺乏生气、缺乏色彩的等级森严的集体中,会迸发出创新的火花,会造就创新的一代新人。

2. 用欣赏的眼睛看学生

美国心理学家詹姆斯说过:"人生中最深切的禀赋,乃是被人赏识的渴望。"学生都有追求成功并展示自我的欲望,他哪怕取得了一点微小的进步,都希望能得到老师给予一定的赏识。因此,教师要及时发现每个学生的闪光处和点滴进步,投给他肯定和赞赏的目光,学生将获得勇气、信心。对于品学兼优的学生,教师没有理由不去欣赏,去表扬。除此以外,我们还应把欣赏的目光投向落后的学生。这些学生,有的也许今天成绩不够理想,明天却可能给你一个惊喜;有的学生也许数学成绩不好,可是他的音乐天赋却是无人可比;有的学生特别顽皮,可他们往往会在不经意间冒出许多的奇思妙想。倘若教师能抱着热切的期望和坚定的信心,能以平和的心态去接纳不同类型的孩子,能用欣赏的目光看待学生,那么,不同的学生都能经常体验到成功的喜悦,从而获得自我实现,学习创新的热情也就随之出现。

(二)创设适应学生创新的时空环境

1. 给学生鲜活的生活

当前,小学生的生活空间基本上是学校——家庭,两点一线,他们如井底之蛙,眼睁睁地看着外面多彩的世界。缺少鲜活的直接经验,使一些小学生逐渐对数学学习失去兴趣,学习成绩一落千丈,创新精神自然受到压抑。教学中,从学生熟悉的生活实际出发,从学生关心的事情做起,学生会感到数学学习的亲切自然和趣味无穷,从而最大限度地发挥学生的创新精神。

苏霍姆林斯基说:"不要因教室的一扇门,而把学生与世界隔绝开来。"数学学习的真谛在于引导学生走进生活、体验生活,解决生活中的问题,从而领悟方法,积累经验,使数学成为生活的数学,使数学学习成为培养创新能力的学习。

2. 给学生提问的自由

传统的数学教学采取"满堂灌"的形式,一切为了考试,教师以串讲串问牵着学生的鼻子走,教师按照一定的规则和逻辑顺序,按照自己的思维方式和思维习惯给学生进行"清晰的,完美的"分析和概括,不需要也不允许学生提出不同的见解。这导致课堂上教师的提问学生基本能答上来,而一旦让他们自己提问题,则会束手无策。学生的创新思维和创新能力早已在不知不觉之中被抹杀了。多么令人痛心!

给学生提问的自由方法途径可以很多:

(1)小组讨论式。这是借鉴西方国家课堂教学的做法让学生在小组中自由表达自己的观点,让他们想说什么就说出来,想问什么就问出来,想跟谁讲就跟谁讲。说错了,也不横加指责。如此宽松的言语环境,如此活跃的课堂氛围,定能燃起学生创新精神的火花。

(2) 课堂中热情的鼓励。"疑"是一切发现和创新的基础。小学生的理解能力相对较弱,而数学学科的科学性使他们发现并提出问题并不容易。课堂上,应留质疑的时间给学生,让他们各抒己见,敢于向老师质疑,向书本质疑。我们应尊重他们的每一个提问,学会欣赏善于提问题的学生,这样必将保护他们创新的精神。如果教师不能正确引导,学生极易成为"解题的能手",但同时想象力、创造力却被扼杀殆尽。

(3) 课后与学生平等的交流。教学中发现这样两种现象:第一,每一个班级总会有一些羞涩寡言,想问却又担心问出来被人笑话的孩子。对于这样的学生,教师万不可冷眼相待,漠不关心,因为他们的小小头脑中也跳跃着创新的音符。第二,有时,课堂上的时间太短太少,不能解决学生心中的疑问。如何解决这两种现象带来的问题?课后的交流不失为一项措施,它是学生"可口的加餐"。表面看你解决的只是一个小小的问题,实质上学生在主动探求知识的同时所得到的精神满足是任何言语也无法比拟的,这种精神上的愉悦必将引领他们提出一个又一个问题,从无价值的到有价值的。教师成了学生创新精神的激发者、欣赏者。

3. 给孩子动手的机会

几千年的传统教育思想左右着我们,使我们很少给孩子动手的机会。然而,教学单凭讲,学生只是通过眼睛和耳朵来接受,他们会感到疲劳、厌倦,以至失去对数学学习的兴趣。学生是课堂教学的主体,教学中要根据教学内容和学生的认知特点,精心设计操作程序和方法,千方百计地给学生动手的机会。通过让他们亲自动手参与"做一做"、"摆一摆"、"量一量"、"拼一拼"等活动,积极地参与到教学实践中来,使他们产生数学学习中的成功体验。如《现代小学数学》教材第三册"厘米的认识"教学过程中,可以采用激疑法,出示这样的图例:

让学生猜一猜谁长谁短,很多人认为是垂直的线段较长,这时,再让他们去比一比。当他们发现原来两条线段一样长时,学生对进一步探求新知识产生了强烈的愿望。在此基础上,再通过四人小组的合作比较,测量1厘米大约有多长,教室门大约有多高,教室走廊大约有多长,走 10 步大约有多长等等。学生在动手量一量的过程中,加深了对厘米的认识,在估计长短的过程中,体验到了学习的乐趣和成功的喜悦。实践证明,培养学生的动手能力对于学生一生的成长和发展都将产生深刻而久远的影响。

（三）培养独立思考的创新精神品质

小学生的学习几乎完全依赖教师,从思维的培养方面,只是按教师和书本的导向去记忆和容纳知识。而要成为一个"终身的学习者",做到这一点还远远不够。学生要善于从教师和书本上获得某种启发,把握住瞬间的灵感火花,达到独立思考的学习境界,教师在教学中要给学生创设独立思考的机会,挖掘教材本身的智力因素,发展学生的分析、判断及自我概括能力的技能得以表现,始终充满奋进拼搏的兴趣。

例：先找出排列规律,再填合适的数。

4	10
6	12

7	13
9	?

教师应先鼓励学生独立思考,从不同角度寻找可能的规律,并在小组讨论交流、校对时发现学生的答案多种多样：

1. 两个表格对照看,同一位置上的数都相差 3,12+3=15,所以填 15。

2. 斜着看发现左图有这样的规律：4+12=16,6+10=16。所以右图也有如此规律：9+13=22,7+？=22;由此得出"?"处应为 15。

3. 竖着看 4+2=6,10+2=12,7+2=9,那么 13+2 就是答案 15。

这样的教学无疑给了学生独立思考的空间,对于培养学生的创新精神有着极大的作用,它比单纯完成几道思考题更具有挑战性和创造性。

当然,人的创新意识和能力总是在相宜的情境中表现和形成的。培养学生的创新意识,并非让他们如爱迪生发明电灯泡那样创造新技术、发明新产品,教师要认真全面地领会新大纲精神,充分利用数学科目自身的优势,有意识地抓住各种时机,创设自由发展的问题情境,培养学生的创新意识。

二、重视小学生创造力的发展

素质教育要求我们为民族为国家培养出时代需要的富有创造精神和创造能力的人才。苏霍姆林斯基说："在人的心灵深处都有一种根深蒂固的需要,就是希望感到自己是一个发现者,而在儿童的精神世界中,这种需要则特别强烈。"在数学教学中,教师必须把培养学生的创造意识贯穿于教学全过程。

(一)激发学生的创造力

创造力作为一种产生新事物、新思想的能力,并非天生的,而是和其他能力一样可以通过学习和训练激发出来。知识是创造力的基础。教师要善于挖掘教学内容本身的内在乐趣,激发学生主动思维、体验探知。例如在教学"1"的认识时,可以问学生:"你觉得'1'像什么?"学生争先恐后地回答:"像小棒!"、"像筷子!"、"像铅笔!"等等。教师这时可以微笑着表扬学生,并及时指出:"数字就像我们身边的事物,多有趣啊!"这样,学生既轻松愉快,又观察探索,较好地记住了"1"的写法,又会急于想学习其他数字。

一般情况下,数学课往往按照一个固定的模式,从复习旧知到新课讲解再到巩固反馈、课堂总结,这样的学习顺序单调乏味,儿童往往不感兴趣,久而久之,产生厌学心理。教学过程中,通过听故事、计时比赛、做游戏等将学生带入特定的情境,是激发学生创造性学习的好办法。这样做,可使学生自觉乐意并且积极地参与数学学习,激发学生强烈的学习欲望,点燃儿童的创造的火花。

(二)提供学生创造的机会

由于知识经济时代的到来,培养学生的创造性学习的能力引起社会越来越广泛的重视。而无数教师的辛勤忙碌就是为了使学生有所进步、有所创新。教学中,教师应尽一切努力给学生提供相对轻松自由的空间,形成一种和谐热烈的课堂氛围和学习环境,在自然的教与学中培养学生的创新意识。

教师要营造宽松的教学环境,必须允许学生有不同的想法,要鼓励学生进行发散性思维。但是在平时的教学中,有的老师认为时间有限,自由讨论等形式只会使课堂气氛散漫。殊不知,这却在不知不觉中扼杀了学生的创造意识。因为创造性的见解往往就在学生的各抒己见中。教师对学生的创造性思维有了正确的理解,才能开发学生的创造精神。学生的创造思维一开始往往是模糊的,不敢肯定的,这就产生了质疑,质疑往往表现出思维的多向性和独创性。作为教师要善于发现和捕捉学生的可能还是朦胧的创造性见解,尽可能通过解释来予以鼓励和合适的评价,使得学生敢于发表自己的见解,这是培养创造意识的起点。教学实践中,我常常把想象的空间留给学生,给学生插上想象的翅膀。例如,在活动课《奇妙的数学符号》教学中,教师可组织学生用扑克算法 24。教学过程中,出现了这样几个数:6、2、5、3,让学生充分讨论后提问:"你是怎样算的?还有其他算法吗?"教师这一发问激活了学生的创造力,学生的发言精彩多样,最后出现了 $(2+5-3)\times 6=24$、$6\times 2\times(5-3)=24$、$(6\div 2)\times(5+3)=24$、$5\times 6-2\times 3=24$ 等多种答案。

（三）让每个学生体验创造的愉悦

教师在组织教学过程中,指导学生创造性地学习,不仅要教育学生主动探索,更要让学生体验成功的喜悦。这样,才能激励学生争取更好地表现和做出更新的创造性行为,充分发挥自己的创造潜能。

教学中创造意识的形成是针对全体学生的,我们应注意发现每一位学生的长处,从而创造条件使他充分享受成功的喜悦。老师眼中的后进生并不是铁板一块,他们也有自己的闪光处,如果老师能挖掘出他们潜在的优点,则有利于调动他们的积极性。正如苏霍姆林斯基说:"点燃起他们的智慧的火花,让他们体验成功的愉悦。"学生之间的差异是一种客观存在,这恰恰给我们提供了丰富的教育资源。"唯有最好的老师才能从最困难的学生身上发现最美好的希望。"

第二节　关注个体学习

一、关注"暂差生"的数学学习

学校教育中,许多人给学习有困难的学生冠以"差生"之名,这无疑伤害了孩子的自尊和自信,这种伤害会使孩子感到无所适从。改"差生"为"暂差生",虽只一字之别,却代表了教师对学生的一种期待,一份信任和关爱。

苏霍姆林斯基说:"每个人都有一颗成为好人的心。"一个成长中的孩子,身上肯定有长处也有短处。如果学习中的一次失误,没有得到及时矫正,反而遭受讥讽的话语、厌烦的眼神。这一切必然导致学生思维上产生障碍,周而复始,他就成了所谓的"差生"。其实,只要教师正确对待,多一份尊重,多给学生一些机会,相信孩子的"差"只是暂时的,帮助他们走向成功是完全可能的。我们应关注"暂差生"这一群体,使他们的数学学习过程充满信心和趣味。

（一）启发学习动机

强烈的学习动机来源于明确的学习动机。因此，教师要帮助"暂差生"了解学习的重要性。可配合家长从正面对他们进行思想教育，也可以选取针对性强而且生动有趣的小故事，有意识地渗透学习目的性教育。同时，使他们明白，21世纪的竞争是知识和能力的竞争，不努力学习，不仅直接影响今后的升学和就业，而且会被飞速发展的时代所淘汰。

（二）走出自卑的阴影

"暂差生"往往较自卑又敏感，教师的一个随意的手势，一个无意的眼神，一句随口而出的话语，都有可能在他们的心灵留下阴影，更不必说有意的轻视和挖苦了。长期遭受的冷遇使他们认为自己任何方面都不行，无论是智商还是学习能力总比别的同学要差。在这样的阴影下，他们一遇到困难就退缩，一遭遇失败就灰心到极点，终日消沉悲观，甚至自暴自弃，破罐子破摔。

面对这样的情况，教师千万不能忽视，反而应给予更多的热情和爱心。教师可以主动和他们分析失败的原因，帮助他们找到学习中存在的问题，从而对症下药。课堂上，教师可以尽量多地提问"暂差生"，哪怕他们取得一点点的进步，都应给予极大的鼓励。另外，教师还要做好他们的心理疏导工作，让他们明白，只要自己有信心，能勤奋地去学，学习方法又正确，每个人都可以学好数学，因为，绝大多数人的先天智力水平是差不多的。

（三）激发学习兴趣

爱因斯坦说："兴趣是最好的老师。"浓厚的学习兴趣能调动学生的学习积极性，促使大脑处于高度兴奋状态，形成获取知识、探究未知的最佳心态。但是，有过太多失败经历的"暂差生"在学习数学时往往毫无兴趣可言。针对这样的情况，我自己动手制作了大量适合儿童特点的教学用具，将理性的数学思维用生动形象的图片形式表现出来，也有可以抽拉、活动的投影片等，直观而又形象。实践证明，现代化的直观的教学手段，对于调动不专心的学生的学习积极性，培养他们学习的兴趣收效十分良好。

另外，对于"暂差生"课堂上的一切提问、课后作业，一律实行"优惠政策"，设身处地地为他们扫除学习障碍，激发他们奋发向上的进取心。

（四）注重基础知识的辅导

由于数学教材系统性较强，一些学生的"差"正是由于知识上的缺漏。因此，辅导就成了转化"暂差生"工作中的一项不可缺少的工作。

辅导有课内辅导和课外辅导之分，课内为主，课外为辅。课内辅导有集中的也有个别的。一般情况下，对待"暂差生"采用个别辅导较为合适。正当同学们在进行课堂练习时，细心的老师发现"暂差生"遇到了困难，这时，教师可先安慰他："可能你刚才没听清，老师再讲一遍给你听。"孩子听了既高兴又惭愧，这时教学效果十分明显。有经验的老师还能从孩子的家庭作业中发现他知识上的缺漏，有时，这样的知识缺漏还很多，单靠课内的辅导远远不能够解决问题，可采取有计划的课外辅导，把有共同知识缺漏的学生集中起来辅导，但要注意人数不宜太多，2—5人即可。

对于"暂差生"的辅导，主要是帮助他们掌握基础知识，也可加以适当提高，让他们接触一些较难的知识，通过辅导，让他们体会到"跳一跳，摘桃子"的喜悦，从而更好地完善自己的知识系统。

（五）不吝啬每一个微笑

在学生的心中，教师是知识的源泉、智慧的化身。教师的一举一动都将对学生的学习和身心发展产生极大影响。教师的微笑是最美的花朵。曾有人做过一项调查，发现学生最欢迎的鼓励方式是老师的点头微笑。微笑将会在学生心中留下深刻的印象，成为一种力量，让学生由此树立了自信，产生了战胜自身弱点和外部困难的勇气。"暂差生"更需要这种真诚的微笑。他们在学习中常常会遇到困难，或因接受力较差而对老师讲的知识不能立即消化，或因缺乏自信而回答问题结结巴巴、模棱两可，或为了掩饰自己的知识缺陷而答非所问等。这时，教师的微笑就是人类虽无声却又最美好动人的语言，它传给学生的是亲切、信任、尊重，似一股春风吹绿他们心中的嫩芽。

我认为，帮助"暂差生"走向成功是牵动国家前途的大事，我们绝不可因其成绩暂时较差而怠慢他们，使他们自我放弃，成为一个失败的人。教育工作者的天职是提高每一位学生的整体素质，相信任何学生在一定的条件下都可以转化，都能迎接来自未来世界的各种挑战，从而走向各自的成功之路。

二、引导小学生创意表达

（一）创意背景

学生数学微型博客实际上就是学生以日记的形式记录下他们自己对数学以及和数学相关的人与事的理解、评价、意见，包括自己在数学活动中的真实心态和想法的荟萃平台。

数学日记，最初是上个世纪 90 年代美国开始盛行，成为美国数学文化体系中的新生力量。1970 年，美国教育心理学家 Flanders 对老师主观选择课堂教学行为调查，分析表明，仅有 5%～15% 的教师行为被学生接受。这一结果催生了数学日记，也加深了我们对儿童世界的理解。

1997 年以后，数学日记在中国零星出现。历史的车轮慢慢驶入 21 世纪，小学数学课堂教学改革如火如荼，数学日记也趁风而长，悄然成长于小学数学课堂。越来越多的教师参与到数学日记的探索与实践中，越来越多的学生借助数学日记观察着多彩的生活、记录着心中的数学。但在实施的过程中也出现了大量的问题：

1. 现代学生的学习量相当大，让学生坚持写数学日记在无形中增加了学业负担，因此有部分学生将数学日记当成了一种任务，采取应付了事的态度来对待，"为数学日记而日记"，即便写得不错的学生，也很难做到持之以恒，数学日记的实施流于形式。

2. 学生语文写作能力参差不齐，有的学生写起数学日记来得心应手，愿意写，乐于写，而有的学生由于不能做到"我手写我心"，常常词不达意。

3. 学生写数学日记，教师就必须给予必要的评价，这无疑增加了教师的负担，特别是整理数学日记，需要花费大量的时间和精力。

基于此，我借助数学微型博客平台进行了相关的创意实践和探索，以此发挥数学日记在数学教学中的独特魅力，实现真正意义上的为儿童的发展服务。

（二）创意目标

1. 利用学生数学微型博客展示数学日记，有助于学生倾诉数学学习的心声，阐释数学学习的生命意义，消除学生学习数学的畏难情绪，减轻学生的心理压力，拉近师生间的距离，建立新型师生关系。

2. 利用学生数学微型博客交流数学日记，让学生感悟数学的生活性和实用性，拓宽学生的视野，增强学生学习数学的兴趣，有助于学生反思数学学习的过程，促进学生对数学知识进行深层次的思考，促进数学学习能力的发展，培养学生数学思维能力和语言表达能力。

3. 利用学生数学微型博客架起教与学的桥梁，促使教师关注课堂教学的时间和效果，不断改进教学方法，提高教学能力，设计符合学生实际情况的教学方案，从而提高学生的学习效率。

（三）设计内容

学生数学微型博客展现的内容是丰富多彩的，形式是不拘一格的，写作范围也是自由广泛的。主要内容为：

1. 情趣课堂

可以记录课堂上印象深刻的教学环节，也可以记录学到的公式、概念、例题等，还可以描述自己在课堂上探索发现数学问题的过程，充分展示其思维的过程。

2. 心灵絮语

可以记录数学课堂上的一些体会或感受，对数学学习的情感与态度，对数学老师有什么意见与建议或者对老师的心里话，或是对自己、同学学习数学过程中的总结与评价等。

3. 感知生活

数学来源于生活，生活就是巨大的数学课堂，课堂上学到的数学知识仅仅是生活的影射、提取、概括和应用，多姿多彩的生活实际给我们提供了无限的教育资源。学生用自己独特的数学眼光，从数学的角度，通过观察、收集、记录他们生活中的"数学问题"或"数学例子"，把对这些问题的看法和感受记录下来，也可以将自己运用数学知识解决实际问题的过程记录下来。

4. 思维火花

学生可以分析一道有一定思维含量的题目并写出自己的思考过程，也可以就课堂上出现的题目写出与众不同的想法，可以记录在数学学习中感知到的他人的简洁、优化的思维过程，也可以进行迁移和自我建构，并最终内化为自己的思想和方法。比如，对于某些题解，由于没有及时在课堂上表述清楚，可以通过数学日记展现、交流。

5. 童真故事

爱想象的人才会获得有价值的思考。编童话故事无疑给学生插上了想象的翅膀。学生可以把所学的某一数学知识有机地融于数学童话故事,在编的过程中感受学习的乐趣,体验数学的魅力,温习所学的知识点。

(四)实施步骤及操作要点

1. 实施步骤

(1)摸底调查,调动兴趣

教师借鉴相关理论,结合自身理解,做好理论储备,调查学生各方面情况,了解学生对单纯布置数学习题这种作业形式的满意程度和对即将启动的数学微型博客的期待程度。

让学生参与数学微型博客的主题拟定,激发学生个人和集体智慧,从而调动学生兴趣。

我们确立的数学微型博客主题是:"花开有声",表达的是教师对孩子的期盼和信任,表达的是孩子对自身的信心和学习的激情。

(2)确定主题,提供格式

数学微型博客所展现的内容不同于一般的日记,它的内容应该与数学有关。由于刚接触这种作业形式,学生往往会觉得无话可说,此时教师可以收集一些孩子们实际的日记,阅读相关的范文,接着可以规定主题,如"数学课堂中印象最深的知识"、"数学课堂中老师或某个同学的表现"等,同时提供相应格式。

格式1:今天的数学课我们学习了( ),其中印象最深的是( ),我掌握得最好的地方是( ),我对( )还不够明白。

格式2:今天我们的数学老师讲得( ),( )表现很好,( )表现不够好,我举手发言( )次。我学习数学的心情指数为( )。

(3)量力而行,自由表达

学生在学习数学、完成数学习题的过程中,有不同想法或小小收获可以记录下来;在阅读数学资料、解决生活中的数学问题时,记录下心得体会或疑难问题。没有字数限制,一个星期至少上交一篇。凡是与数学有关的内容都可以写,不讲究格式,可画图、制表,可写课堂点滴、学习状态、心理感受、思维过程,也可编写童话故事等。

言为心声,通过这样的方法,学生发现数学微型博客并不是想象中的那样严肃和陌生,原来它也可以自由和有趣。

（4）认真评价,加强鼓励

教师要认真对待学生写的每一篇数学日记,并逐一点评。写得好的、有进步的可在班上读一读、议一议,并和他们一起将这些文章上传到博客中。我准备了一本专门的数学微型博客记载本,每个上交日记的孩子都将获得5颗、4颗或3颗、2颗不等的星星。这样尽可能让每个孩子都体验到写数学日记的快乐,并喜欢上数学日记。对写得不够好的学生悉心加以指导,让他们体会到教师的期待与鼓励。

（5）定期整理,编辑成册

教师定期从数学微型博客中挑选优秀数学日记进行编辑整理、装订成册,也可发动学生的父母一同参与,尽量做到人手一册。

2. 操作要点

（1）学生要时时确立自己是学习主人翁的身份。

（2）教师在指导评价学生写数学日记的同时,自己要写教学日记,可以起榜样示范作用。

（3）教师需坚持利用时间让学生欣赏交流优秀作品,坚持对学生的数学日记做艺术性的评价。

（五）实施效果

数学微型博客作为展示学生数学学习的平台,已经发挥了它的作用,起到了一定效果。这种新的学习方式和载体已慢慢融入师生的教学生活。

1. 数学微型博客拉近了师生心灵的距离

通过数学日记,学生对数学及教师产生情感倾向,产生学习数学的内驱力。如有学生在日记中抒发对教师的欢喜之情,"严老师是世界上最好的老师,她既幽默又知识广博,给我们上的所有课都是生动的、有趣的。我喜欢严老师!"

通过一段时间的尝试,我发现上课认真听讲的学生多了,积极思考、敢于提问的学生多了,课后与老师交流的学生更多了。这真正是一种师生互动、情感交流的教学手段。

2. 数学微型博客改进了教师的教学形式

本学期,我在讲《乘法》这一单元时,将一道道枯燥的乘法计算比喻成"烤各种口味的面包",课后我发现好多学生把这节课的感受写进数学微型博客中,如黄磊同学这样说:"接下来的每一天,我们烤的面包更加好了!快乐的比喻让同学们学得开心,学得更有热情。"这对我今后的教学形式无疑指明了方向。

通过反思学生的日记,从中发现问题,提升了我的数学专业素养。通过数学微型博客,我更广泛深刻地了解学生,根据其中反映出来的"数学现实"和他们的"生活经验",我及时调整教学内容,改进教学方法,使课堂教学更贴近学生的生活。

3. 数学微型博客优化了学生的学习习惯

数学微型博客使学生从机械、重复的题海中解脱出来,作为课堂教学的延伸,他们体会到学习数学的别样乐趣。数学不再板着面孔,不再是冷冰冰的符号,数学中有学习的喜怒哀乐、有成长的点点滴滴、有成功的快乐、合作的愉悦和童真的美好等。

数学微型博客培养了学生从数学角度观察生活的习惯,点燃了学生的思维火花,积累了丰富的数学学习的感性经验,让学生迸发出智慧的火花。

在这个展现个性、自由抒写的平台,孩子们兴趣盎然,每周都有优秀的日记出现,孩子们已经爱上了这样的表达方式。有孩子这样说:"一个好消息传入我的耳朵,我的数学日记得了五颗星。这就意味着我的日记要被严老师传进博客。我太高兴了!我一定要更认真地写数学日记。"

4. 数学微型博客促进了家校互动

学生的热情带动了家长的热情,家长阅读博客、发表评论,甚至通过邮件和教师交流孩子的各方面情况。《花开有声》专辑的编写就得到了很多家长的支持,这无形中减轻了教师的负担,促进了家校互动。有多位家长主动打电话表示愿意一起参与这样的活动,一起分享孩子们的成果。施雯妈妈还就《花开有声》第一辑表达了阅读后的心声。

当然,由于小学生知识和能力的限制,暂时还不可能写出水平很高的日记。但我相信花开本有声,用心去聆听,似天籁吟唱,如水流清透纯净,满满的幸福和喜悦会让馨香四溢,直扑心扉!

第三节 提升学习品质

一、培养问题意识

美国著名数学家哈尔莫斯说过："问题是数学的心脏。"没有问题的数学是枯燥的数学，没有问题的思维是肤浅的思维，而有趣的数学学习是建立在不断提出问题、解决问题的基础之上的。学生有了问题，才会有思考和探索，有探索才会有创新和发展。苏教版低年级课程标准数学实验教材以国家教育方针和国家基础教育课程改革的精神为指针，以《数学课程标准》的要求为依据，引导学生自己去探究新知，提出问题并解决问题，为学生提供了积极思考与合作交流的空间，促进学生学习方式的多样化。小学低年级学生数学问题意识的形成，需要经历一个从敢问到爱问再到善问的过程，教师只有主动地为学生提出问题、解决问题创造条件，才能促进学生养成善于质疑的习惯，进而提高学生从数学角度提出问题的能力。

（一）研读标准，明确问题意识的重要性

人民教育家陶行之说过："发明千千万，起点是一问。"问题意识主要是指学生具有自主探索、积极思考、发现问题、提出问题、阐述问题等自觉的心理活动。问题意识可以激发学生的学习愿望，激发学生勇于探索、创造和追求真理的科学精神，发展数学思维，驱使学生积极思考，质疑、解疑，最终达到对事物认识的深化从而创新。

问题意识是创新思维的基础，是成就事业的起点。《数学课程标准》指出："通过义务教育阶段的学习，培养学生初步学会从数学的角度提出问题、理解问题，并能综合运用所学的知识和技能解决问题，发展应用意识。"新课程标准以丰富学生数学知识的现实为背景，积极倡导经验的积累与参与，使学生能结合具体的情境发现并提出问题，自觉地建立问题意识，进行数学思考，最终达到解决数学问题的目的。在教学活动中，学生是学习的主体，教师必须改变"教师讲、学生听""教师问、学生答"的教学模式，转变角色，依据低年级学生年龄和认知特点，设计一些能在教师指导下，从日常生活中发现并提出一些简单的数学问题，培养学生问题意识。同时，教师也应明确，培养学生的提问能力并不是代替教师的提问，教师的提问应起到提示引导、画龙点睛的作用。

（二）创设情境，鼓励学生敢于提问

新课程提倡的学习方式是要把学习过程中的发现、探索、研究等认识活动凸显出来，使学习过程更多地成为学生发现问题、提出问题、解决问题的过程。特级教师张新华指出："要形成一个好的问题或要让问题得到很好的解决，教师必须创造出对学习者来讲充满疑问，能充分调动学生情感、欲望、求知探索精神的情绪氛围，即创设适当的'问题'情境。学生内心强烈的问题意识能否得到表露、展示、交流，将取决于是否有适宜的环境和氛围。"

小学生思想活跃、求知欲旺盛，对事物有着强烈的好奇心，这就是问题意识的种子。然而，这颗种子能否萌芽，取决于是否有一个适宜的环境和气氛。因此教师要转变教育观念，尊重每一位学生，在教学中营造宽松、自由的氛围，建立平等、民主、和谐的师生关系。教师要鼓励学生大胆质疑、提问，在教学中"少一些不准，多一些允许"。学生答错了允许重答；答不完整的允许补充；没想好的允许想好了再答；允许提出一些奇思异想的问题。总之，只要让学生在课堂上能够"自由地呼吸"，敢想、敢说、敢做，充分发表自己的见解就行。只有这样，才能为问题意识这颗种子的生长提供充足的阳光、水分、适宜的土壤，利于其生根发芽、开花结果。

（三）以趣生疑，诱发学生问题意识

心理学认为，内发的动机是很重要的，而内发性的动机的中心是兴趣。如果教师提出的问题能够较好的创设条件培养和激发学生的学习动机和兴趣，增强学生参与学习活动的欲望，他们就有了学习的原动力。

1. 设置悬念，激发好奇心

问题意识是人与生俱来的本能，从孩子出生起就会产生好奇心，开始学会说话以后，说得最多的就是"这是什么？""那是什么？""为什么？"等。针对小学生好奇心强的特点，教师将所要学习的知识，创设于新奇的悬念中，诱发学生产生揭开秘密的问题意识，使他们想问。

2. 动手操作，引导新体验

学生动手操作既能引起学习兴趣，集中注意力，又能帮助学生形成独特的体验。学生会在动手中提出各种各样的问题。

3. 引发冲突，建构新情境

学生学习数学的过程是一种知识建构的过程，是认知矛盾运动的过程。

教师要善于创设富有挑战性的情境,打破学生原有认知基础,引发认知冲突。

4. 生活实践,探究新问题

生活中处处蕴含着数学,许多新鲜的事例可供我们教学使用。因此,教师必须从教材和学生心理特点出发,引人入胜、步步深入地提出富有趣味性、启发性的问题,用科学的、艺术的、生动的语言吸引学生去积极思考、作答。

(四)方法引导,培养学生提问能力

爱因斯坦曾经说过:"提出一个问题比解决一个问题更重要。"因为解决问题是学习或实验上的技能,而提出新的问题,从新的角度去看旧的问题则需要创造性的想象力。学生只有从数学的角度发现问题、提出问题,才能更深层次地理解问题的实质。反之,提问方法不当,或是提的问题过于简单、机械,会使学生感到乏味和厌倦。因此,要想提高学生的提问能力,使学生知道"问什么"、"怎么问",还必须教给学生一些基本的提问方法,使学生学会提问。

1. 联系生活,提出数学问题

新教材强调从学生的生活经验和客观事实出发,在研究现实问题的过程中学习、理解和发展数学,使学生学会从数学的角度看待和处理日常生活、社会生活中出现的问题。教学中,教师选择学生身边的有趣的,有利于学生主动探索的事情,创设问题情境作为学习素材,培养学生问题意识。

如一位教师教学《三位数乘一位数》一课时,联系本校周五准备召开的运动会作为素材,让学生根据教师创设的情境提出数学问题,课堂上学生根据图中提供的信息,提出许多有价值的问题,如:"小华家离体育场有多远?""大生家离体育场有多远?""两家相差多少米?""大生家比小华家离体育场远多少米"等。对于本课重点,需要研究解决的问题,让学生独立思考,合作交流,探索出解题方法;对于用已有知识就可以解决的问题,口头解答,使学生感到"问题"就存在我们的身边,每时每刻都会产生,而解决问题又是必须的,拉近了数学问题与学生情感的距离,培养了学生的问题意识和探索精神。

创设良好的问题情境,不仅激发学生的好奇心,点燃求知欲望,而且能促进全体学生的参与。通过他们自己提出的问题,亲自动手操作,亲身去体验、感知,从中发现新知识,因而更加积极主动地探索新知,对学习新知识起到了事半功倍的作用。

2. 自主选择，发散思维训练

发散思维训练有利于培养学生思维的敏锐性、变通性、深刻性。发散练习（开放性练习）往往是一节课的高潮，也是学生应用新知识解决问题的实践。例题教学后，适当进行发散性练习，不仅能使学生更好地理解例题，掌握规律、方法，还可以促进知识结构化，加强深度和广度，使学生提问步入更深的层面。

如解决"求一个数是另一个数的几倍"的实际问题时，教师设计如下表格。

动物种类	松鼠	熊猫	大象	孔雀
数量（只）	24	8	4	12

让学生根据统计表中的信息进行选择，提出相关的"倍"的问题，学生提出了许多有关"倍"的问题，还有的学生提出加、减法一步、两步计算的数学问题，虽然有些问题学生用现有知识不能解决，但培养了学生收集有用信息解决问题的能力，激发学生更好地学习数学。

3. 主动思考，培养质疑能力

"学起于思，思源于疑"。质疑是思维的导火线，是学生学习的内驱力，是探索和创新的源头。教育家顾明远说："不会提问的学生不是学习好的学生。"课堂教学是一个师生互动过程，对学生提出的意想不到的问题，教师要表扬他善于思考，赞扬他质疑问难的精神；对于想不出正确答案的问题，鼓励学生走出校门，从网上查找资料，从社会中学习。

如教学"人民币的认识"后，有位学生提出，新版人民币是干什么用的？教师针对这个自己也没有想过的问题，就鼓励学生放学后到银行咨询或从网上查找资料，点燃全班学生创新思维的火花。第二天召开小型座谈会，学生把调查的结果在全班进行交流，通过互相交流不仅掌握了书本知识，而且学到书本以外的知识，开阔了视野，增长了社会知识，进一步体会到数学与生活紧密相连。

4. 拓宽渠道，培养创新能力

在教学过程中，往往会出现学生不满足课本中的方法，而根据自己的观点提出质疑的现象，这正是学生主动参与的表现，也是训练数学思维的大好时机。因此,教师对学生课堂上的质疑应当加以鼓励、引导,促使学生不断发现新问题,提出新构想,找到新方法。

如在教学《周长是多少》一课时,教师让学生动手测量准备好的树叶的周长,大多数学生都是按照书本上的方法进行测量,老师发现有一位学生眼盯着树叶不测量,就问:"你为什么不测量?"这位学生说:"我想把树叶对折一下,只量一半再乘以2,不知道行不行?"(树叶比较规整)老师说:"你大胆试一试不就知道了吗?"多数学生用这种方法把树叶对折后又一次进行测量,两次测量的数据相同。教师及时把学生提出的问题和解决方法加以概括,渗透数学对称思想,发展了数学思考,拓宽信息渠道,给学生提供创新的机会,使提出问题的同学有一种成就感,也鼓励其他学生敢于创新,让思维不被书本所局限。学生学习兴趣盎然,课堂气氛活跃,积极主动地探索,这样才真正发挥了学生主体的作用。

总之,发现和提出问题是解决数学问题的第一步。培养学生提出问题和解决问题的能力,首先应培养学生提出问题的意识。在教学中让学生主动提出问题、探索问题,是开发学生潜能,提高学生创新能力,让学生学会学习的重要方法。当然,培养学生问题意识的方法是多种多样的,但只要我们教师顺应学生认知发展的规律,在学生最近思维发展区内设计情境,充分体现学生的主体地位,充分体现教师的引导、组织、参与作用,建立在探索、实践、独立思考的基础上,不断启迪学生的智慧,放手让学生自主学习,才能逐步培养学生的数学问题意识。

二、渗透逆向思维

逆向思维是思维向直接相反方向重建的过程。小学数学中的许多概念、性质、运算、思路、方法等都具有可逆性。如加法和减法、乘法和除法、扩大和缩小、计量单位间的聚化、正反比例等。要让学生理解数学的这种可逆性,就必须具有相应的心理过程,即逆向思维的过程。

有研究表明,小学阶段,学生的思维已具有了可逆性,逆向思维已形成,说明学生思维的活动已达到抽象推理的水平。因此,在小学数学教学中,重视对学生进行逆向思维的训练,有利于加速学生思维能力的提高,有利于学生数学素质的提高,有利于创新能力的培养。

在小学数学教学中,对学生进行逆向思维的训练可以从以下几方面着手。

（一）逆用概念法则，培养逆向思维的意识

概念法则的教学是小学数学中的一个重要环节，对数学概念的正确理解，对运算法则的熟练应用，仅靠正向思维是远远不够的。因此，数学教学中可以通过逆向思维方面的训练来加深基础知识的理解。

数学中的许多概念法则来源于问题或问题本身存在着的互逆关系，这些都是培养学生逆向思维的好素材。例如，在学习《倍的认识》与《长方形的面积》之后，我给学生安排了一组练习来加深其对概念的理解：

1. 3的4倍是(　　)，2的6倍是(　　)（正向思维）；一个数的3倍是12，这个数是(　　)（逆向思维）；12是(　　)的(　　)倍（逆向思维）。

2. 如图，每个小正方形的面积为1平方厘米，图中阴影部分的面积是多少平方厘米？

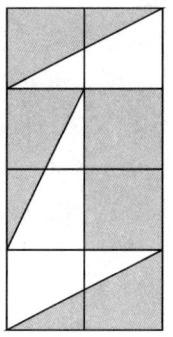

此题，如正向思考，目光专注于阴影部分，可以发现阴影部分由两个正方形和三个直角三角形组成，阴影部分的面积可求。教学中，也可引导学生拓宽视野，从整体观察，发现长方形内阴影部分以外部分是三个三角形。用长方形的面积减去三个三角形的面积就是阴影部分的面积。此种方法，看似简单，其实是从要求的问题反面出发，逆向思考，使问题得以解决。

通过这样的练习，不仅可以使学生对概念获得全面深刻地理解和对法则地灵活运用，而且也在潜移默化中获得了逆向思维的意识，这种意识将成为学生分析和解答某些数学问题的重要思想，使学生面对逆向的数学情境，能够自由地实行顺逆互转，顺利地作出解答。教材中这样的例子无处不有，教师要有意识地把握和具有针对性地处理。

（二）注重公式的逆运用，激发运用逆向思维的兴趣

在数学上不少公式是由已知知识逆向推导，通过猜测并验证而得到的。

解题中,一些技巧也是由此而来的。而学生往往只习惯于从左往右地运用公式,缺乏逆向思考的自觉性和基本功。显然,这对于学生数学能力的提高是相当不利的。在教学中注重对公式的逆运用,往往能达到出奇制胜的效果。

(三)重视非常规的解题方法,努力追求思维的独创性

对于一些数学问题,在运用正向思维去解答的同时,教师也可以注意启发学生运用逆向思维去求解,由此寻找解决问题的方法,这将产生意想不到的效果。正难则反,往往容易取得成功。

如解答分数计算题:$1/6+1/12+1/20+1/30+1/42$

分析:此题若按常规解法,即先通分再计算,显然很繁琐,学生往往感到困难,教师若引导学生联想,则可给学生提供一种新的解题思路,即:$1/6=1/2-1/3, 1/12=1/3-1/4, 1/20=1/4-1/5, 1/30=1/5-1/6, 1/42=1/6-1/7$,由此将此题化为不通分而简算之:

$1/6+1/12+1/20+1/30+1/42=(1/2-1/3)+(1/3-1/4)+(1/4-1/5)+(1/5-1/6)+(1/6-1/7)=1/2-1/7=5/14$

教学中,应注意摆脱习惯的、传统的、常规的、群众的思维束缚,以便形成标新立异的构思,提高学生逆向思维的独创性。

当然,培养学生的逆向思维能力是一项长期而艰巨的工作,教师要有意识有步骤地培养和训练。相信只要学生掌握了这种思维方式,他们考虑问题时的思路会更开阔,思维会更活跃。

三、引导自主学习

所谓自主学习,是指学生自己做主,通过自身的探索来获取知识,掌握方法的一种学习活动。换言之,自主学习就是把学生作为学习认识的主体,在教师的主导作用下,逐渐地把学习变为自己的需要,通过自己的动脑、动口、动手等活动获取知识,发展各方面的能力,形成自己的思想观念。

儿童心理学认为,学生的精神世界是自主的、能动的、生成的、建构的,他们内心都有成为"发现者"、"探索者"的强烈心理需要。而人的发展都需要内外因的共同推动,这样才能使需要从可能变为现实。那么,怎样在数学教学中引导学生自主学习呢?

(一)创设自主学习的良好氛围

课堂氛围主要是指课堂心理气氛。它既是一种观念形态,又是一种给

人以实感的教学情境。良好的课堂氛围能创造一种具有感染力的教育情境，使学生受到感化和熏陶，产生强烈的情感共鸣。

学生的自主学习需要一个民主和谐的教学环境。它既是课堂教学本身的客观要求，又是激活学生潜能的有效策略。当学生在宽松自由、生动活泼的情境中学习，就会感到轻松、愉悦、自由，就敢于真实地表现自己，充分地展示自我，从而大胆积极地思考问题，大脑皮层也高度兴奋，创造能力得到充分发挥。为此，教师要善于调控自己在课堂上的情绪表现，千万不可板着面孔走进课堂，而应抛开一切杂念和烦恼，集中精力进入角色，热爱和尊重每一位学生，把信任和微笑送给每一位学生。老师需站在学生的角度思考问题，和学生平等对话，让他们感受到老师对自己的关注。在这样的课堂氛围中，学生不知不觉有了自主学习的行动，他们逐渐变"要我学"为"我要学"。正如赞可夫所言："我们要努力使学习充满无拘无束的气氛，使学生和老师在课堂上自由地呼吸。"只有在这良好的课堂氛围下，才有可能点燃学生求知的火花，从而积极主动地探索新知识。

（二）给学生自主学习的空间

学生学习知识的过程是主动建构知识的过程，是在原有知识经验的基础上，对新知识进行加工、理解的过程。学生通过自己的思维方式，自由开放地去探究、去发现、去创造有关数学的知识。我们不要指望通过数学把孩子教得如何聪明，关键是要提供一种"海阔凭鱼跃，天高任鸟飞"的广阔天地，让孩子的各种才智得到更好更快的发展。

例如，教学《能被3整除的数的特征》时，课一开始，我就故作神秘地请学生考老师，让学生任意说一些多位数，如：267、329、4029、1900……，我总能一下判断出它们能否被3整除。正当学生惊异于老师的"天才"时，我说："这不是老师的本领特别大，而是老师掌握了其中的规律，你们想了解这里的奥秘吗？"学生异口同声地回答："想！"创设了这样一个教学的最佳情境后，我请学生同桌之间相互配合，一人写数，另一人计算，把能被3整除的数专门写在一个表格里。全班汇报后，我把他们找到的数写在黑板上，请他们观察这些数的特征。

知识的内在魅力，宽松自由的学习空间，使学生主动地投入到知识的发生、发展和形成过程中，尝到了自己发现规律的乐趣，获得了学习成功的愉悦体验。给孩子一个"空间"，他们会创造一个宇宙。学习空间的提供，对学生自主地、创造性地学习有着深远的意义。

（三）开展开放的数学教学活动

数学活动包括各种感官参与下的运算、交流和搜集、整理数据，及数学的调查研究等。一个人的数学素养是在实践活动中逐步发展和完善起来的，离开了实践活动，学生的数学素养就很难养成。波利亚曾说："学习任何知识的最佳途径是由自己去发现，因为这种发现，理解最深，也最容易掌握其中的规律、性质和联系。"教学中，教师要努力摒弃一味地传授知识，应尽量多地开展开放的教学活动，让学生的主体性得到充分发挥，培养学生敢于尝试、勇于创新的个性，使他们成为知识的发现者和探索者，满足学生自主学习的需要。

如教完《带余除法》，我安排了这样一道开放题："六一活动中，二(1)班准备了一些彩色气球，总数不到60个，把这些气球平均分给8个组，还余下3个气球，二(1)班一共准备了多少个气球？"题目一出示，我就启发学生大胆猜想，一时间，答案五花八门。怎样才能把各种可能都罗列出来？学生们在四人小组的合作交流讨论中逐渐总结出了解答方法。其一，由于平均分给8个小组，还余下了3个气球，如果每个小组分到1个气球，那么总数为$1×8+3=11$(个)，也就是说，气球的个数最少为11个。如果每组分到的气球数增加1，那么总个数就增加8，可见气球的总数是在11的基础上每次多8。气球的个数可以分别为11、19、27、35、43、51、59，把这些个数平均分给8个组，都是余下3个；其二，这个问题实际上就是求一个比60小的数，它除以8，余数为3，如果用图形表示可以写成：□÷8＝△……3，其中□<60，通过讨论可以得出△最小为1，最大为7，由此得出□为：11、19、27、35、43、51、59。

以上开放活动给了学生自主探究的权利，为学生提供了较好的参与深度，使学生把对知识的认识过程转化为对问题的探索过程，满足了学生自主学习的愿望，使学生的自主精神得以充分发挥。

（四）建立数学与现实生活的密切联系

数学教学的主阵地在课堂，但有些知识的教学不妨把学生带进大自然，带进社会生活，让学生"在游泳的过程中学会游泳"。因为，数学知识来源于生活，来源于实际，最终也将用于实际生活。生活本身就是一个巨大的数学课堂，留心观察周围的世界，我们就能发现，生活中处处有数学。教学中，让学生学习生活中的数学，运用数学思维的方式去观察、分析、解决生活中的问题,必将更好地体现数学的价值,实现以学生为主体的探索方式。认识到这一点,我有意增强了这方面的训练。一次秋游活动后,我组织学生讨论"如何花完20元钱玩尽量多的项目?"(项目表见下)同学们展开了热烈的讨论。一会儿,有学生说:"我玩3次高空自行车、2次电动小飞机,再和好朋友一起玩1次碰碰车和1次美人鱼,总共可以玩7次!"有的说:"我玩1次电动小飞机、1次碰碰车、1次荡舟濠河,正好花完20元钱。"还有的说:"我能每个项目都玩到,而且电动小飞机可以玩2次。"我充分肯定了同学们的分析,接着说:"解决一个问题时,往往有许多种方案,用最好的方案解决问题是我们的目标。刚才的方案中,你最赞同谁的观点,为什么?"一石激起千层浪,孩子的思维又一次被激活了。通过热烈讨论得出同一个问题可以有多种解决方案,从而体验到解决问题策略的多样性。

项　　目	价　格	说　　明
高空自行车	3元/次	
电动小飞机	2元/次	
碰碰车	4元/次	可坐两人
美人鱼	6元/次	可坐两人
荡舟濠河	8元/次	

由于所学内容贴近学生实际,学生倍感亲切,促使学生获得适应社会生活和进一步发展所必要的重要数学事实和应用技能。

新的世纪需要会学习的人,要让学生真正得以主动发展,必须注重优化自主学习的策略,使学生学会在复杂的社会环境中不断运用科学的态度和方法去认识和发现,甚至改变学习的方式,真正做到学以致用,做到学会学习,学会求知,成为学习的真正的主人。

第四节　诠释教研路径

一、促进青年教师成长

《基础教育课程改革纲要(试行)》指出:"教师在教学过程中应与学生积

极互动,共同发展,要处理好传授知识与培养能力的关系,注重培养学生的独立性和自主性,引导学生质疑、调查、探究,在实践中学习,促进学生在教师指导下,主动地、富有个性地学习。"适应小学新课程改革的需要,关键在教师,而小学数学课程改革成败的关键在数学教师。如何更有效的提高教师自身素质就自然成了一个最为现实的问题,而小学数学教研组则为促进青年教师成长搭建了一个良好的平台。

（一）新课程对小学数学青年教师数学素养的要求

数学是人们对客观世界定性把握和定量刻画、逐渐抽象概括、形成方法和理论,并进行广泛应用的过程。因此在《小学数学课程标准》中明确地提出了:"义务教育阶段的数学课程应突出体现基础性、普及性和发展性,使数学教育面向全体学生,实现人人学有价值的数学;人人都能获得必需的数学;不同的人在数学上得到不同的发展。"数学教学活动必须根据学生的认知发展水平和已有的知识经验基础。教师应激发学生的学习积极性,向学生提供充分从事数学活动的机会,帮助他们在自主探索和合作交流的过程中真正理解和掌握基本的数学知识与技能、数学思想和方法,获得广泛的数学活动经验。新课标要求小学数学教师成为数学学习的组织者、引导者与合作者。因此小学数学教师各方面的基本素质需进一步的提高。

《数学课程标准》中指出,数学是人类的一种文化,它的内容、思想、方法和语言是现代文明的重要组成部分。课程标准在知识与技能、数学思考、解决问题、情感与态度方面都对数学的作用与目标提出了更高的要求。这就要求我们的小学数学教师除了具备教师应具备的专业素养外,还应具有以下有别于其他学科教师的带有数学教育特性的素养。第一是数学科学素养。对一个数学教师来说,数学功底应该是教好数学的首要条件。小学数学教师应系统掌握完整的数学基础知识、基本技能,除了熟悉教材知识外,还应掌握数学史、数学应用知识,了解现代数学发展的主流和趋势,把握每个数学知识点的理论背景和结构,认识到初等数学与高等数学之间的内在联系,以便能从较高的观点思考、探索、解决小学数学中的问题。第二是数学思想方法素养。数学思想方法是数学的灵魂,掌握数学思想方法是对一名小学数学教师的基本要求。数学教师应该知道模型思想、最优化思想、化归思想、分析综合方法等一些典型的数学思想方法,要善于挖掘和提炼教学内容中的思想方法,并在教学中有意识地渗透,启迪学生思维,提高学生分析问题和解决问题的能力。第三是数学能力素养。作为小学数学教师,除了应具备观察力、记忆力、注意力等一般能力外,还应具备运算能力、数学思维能力、空间想象能力和数学建模能力等特殊数学能力。第四是数学观素养。数学观是对数学的基本看法,即回答"数学是什么"。只有教师对数学形成正确的理解,树立正确的数学观,其所教的学生才有可能养成良好的数学素养。

(二)小学数学教研组促进青年教师成长的主要路径

英国著名课程研究专家斯藤豪斯(Stenhouse)认为:"课程改革是人的改革,课程发展是人的发展,没有教师的发展就没有课程的发展。"这就是说,教师是课程的最终实施者,他们的思想、行为、观念等对课程改革过程有着强有力的影响。因此,小学教师的素质决定着基础教育的质量,决定着课程改革能否顺利实施。"教师素质是教师稳固的职业品质,它是以人的先天禀赋为基础,通过科学教育和自我提高而形成的具有一定时代特点的思想、知识、能力等方面的身心特征和职业修养。"而小学数学教研组应成为促进青年教师成长的良好平台。

1. 教研组应成为青年教师教学改革的策划中心

随着教育改革的不断深化,学生的创新精神和实践能力的培养已成为素质教育的一个重点。新课程标准的出台正是落实素质教育的有力措施。面对新课程标准这个全新的领域,我们每位教师都有些不知所措。在这种情况下,教研组应先从青年教师这个有活力的群体开始进行实践。因为青年教师接受新事物的能力强,他们有着探索未知领域的激情和勇气。在逐步推进新课程标准的过程中,教研组主要应从以下几方面开展工作:

积极主动,获取新信息 教研组是学校教学系统中的一个基层组织,它既具有贯彻性,但同时又应该具有主动性。教研组应通过数学教研组长把标准里的内容分成"基本理念""学生学习目标""学习内容"等,组织青年教师统一学习、讨论,并密切关注有关于标准中四大版块内容的研讨课及讲座,让青年教师分批参与活动。活动后,青年教师要在教研组中进行一次专题讲座,并要上一节课,这样可以及时传递新信息,并且在实践中内化。为了让青年教师进一步明确课程改革的方向,教研组应征求学校行政的意见,邀请参与新课程标准编写的相关老师来校为全体青年教师作讲座,使全体青年教师对新课程标准有更深刻的理解和感受。教研组还应组织每个青年教师结合自己的学习、听报告后的感受及平时教学的体会,撰写以"新世纪、新课程、新思考"为主题的随笔、论文等。

积极探索，实践新课程　新课程标准的出台，为数学教学研究提供了十分广阔与自由的空间。站在教研组的角度上，要以学习标准为把手，重点落实到教学实践活动的探索上。在教研组活动时，共同和青年教师探讨"学生应该学什么"及"学生应该怎样学"，最后决定把改革重点放在学生学习方式的转变上。教研组和青年教师就教学载体（即教学内容）作深入的交流。结合新课程标准提出的理念，数学教学应该让学生获得生动活泼、富有个性的发展。因此，学生学习的内容应有所拓展。青年教师的上课内容，主要是从两方面来改革，首先可以以现有教材的知识点为原型，注入新的认知元素，使之成为适应新要求、新发展的教学素材；也可以跳出教材，收集生活中的素材来组织教学。青年教师要能备好这些课程内容，除了他们自身的探索外，需要依靠教研组建设者广泛地阅读前沿资料，敏锐地感知与数学相关的素材，并及时地整理成为教师教、学生学的材料。

2. 教研组应给青年教师创设"民主、平等、自由、竞争"的个性空间

青年教师掌握着一定的专业知识，拥有着旺盛的精力。给青年教师创设一种积极的、舒畅的客观物理环境是非常重要的，它可以给青年教师带来无限的施展才华的动力。作为教研组主要应从以下几方面入手。

开展沙龙式的教研活动　教研组的氛围应定位在民主对话上，教研组的活动不是一言堂、二言堂，而是群言堂。教研组活动一般是两周一次，在每次活动结束前，教研组组长就应把下次活动的内容告之。如果是专题研讨，如"怎样开展合作学习？""合作学习要注意哪些？"等。把研讨的主题给青年教师后，青年教师在两周之内结合中心议题去查找有关教育教学书籍，做好相关摘录，并结合自己的教学实践形成文字材料，字数不限，目的是在青年教师中形成对教育教学现象的一些反思，促进青年教师的理论学习，在自我思考的基础上，与同行对话、碰撞，在碰撞中产生新的想法，再在实践中进行验证。再比如理论学习，教研组不是把文章读一遍即可，而要预先把学习的文章发给老师，要求在阅读的过程中做好旁注，并联系自己的教学思考，及时记录产生的新想法。在教研组活动时，每个青年教师都要发表自己的观点。这种"学习＋讨论"的沙龙形式，教研组每月举行一次，也就要求教师每月必须写一篇随笔，以便提高青年教师撰写论文的功底。

给青年教师提供评课的空间　往往青年教师在听教研组准备的研讨课时，不够上心，这种状态的教研组活动，对青年教师的业务水平的提高是不

利的。教研组对青年教师的听课要求应是听完每一节课都要做出自己的评价,起初是点名评,到顺着年级评,到主动评,最后是抢着评。不管是说一句还是说两句,只要开口说,就是表示你在思考。这样的锻炼能够持续地进行,青年教师的理论功底、表达能力、学与做结合的能力、思考的能力都会得到迅速地提高,进而涌现出一批会思考、肯钻研、勤动笔、求创新的青年教师。

为青年教师搭建竞争的舞台 青年教师的培养除了提供适合他们自由生长的土壤以外,还要有促进他们成长的机制,那就是竞争,当然是良性的竞争。没有竞争就没有活力,就没有生命力。教研组在组织每一次的活动时,都要遵循合作与竞争相结合的原则。如在划分集体备课组时,应把相近的年级集合在一起活动。如把一二年级的普通班的老师分为一个备课组,一二年级的实验班的老师分为另一个备课组,这样年级与年级之间就有互相学习、探讨的机会。在安排研究课时,一般是要求一二、三四、五六两个年级的青年教师上同样内容的课,每节研讨课都配备备课指导老师,也就是平时青年教师的师傅,所以同时又存在师傅的竞争。写案例评析至少有一篇是针对同一节课的,教研组要对此进行评比,看谁看得深、挖得透、写得妙。

教研组需多渠道、全方位的为青年教师创设锻炼的舞台。

(1) 组织青年教师素质大赛。在每次大赛中,教研组要帮助青年教师选好上课的题材,在老师独立钻研教材的基础上,集集体备课之力量,在教研组中共同推敲、讨论。因为大赛除了想选拔出一些教学新秀之外,更重要的是通过这样的比赛促使青年教师得到业务能力上的提高。如果仅凭为数不多的试教就比赛,赛完以后就结束,这样是不能真正发挥大赛的作用的。所以教研组一定要帮助青年教师从选内容、备课、听试教、再进一步地帮助修正语言,青年教师的仪态、站位、声音的抑扬顿挫都要作指导。可以用摄像机录制下来,让青年教师对着录像仔细地看,好好地去体会,这样在比赛中青年教师的水平会得到大幅度的提高。假如每一次的试教教研组的骨干力量都去听,对每一次的教学现象都做出修正意见,让青年教师在教学上能迅速地把握重点。通过这样的锻炼,青年教师的课堂驾驭能力、语言表达能力都会得到明显地提高。

(2) 教研组针对不同层次的老师需有着不同的定位。对刚进校的青年教师教研组需手把手的教,对已具有一定教学经验的青年教师,教研组可以充分地让他们在教学中发挥自己的作用。比如让他们尝试着出分析性考卷,在备课中作经验介绍,带青年教师,做备课组长等。已经是区、市骨干教师的更要发挥他们的学科带头作用。同时教研组要多带青年教师到兄弟学校去上研讨课、示范课、观摩课,来增强教师的心理素质、教学素养。

(3)在备课中运行"资源共享"的模式,也就是一个级部的数学老师由备课组长分配好,每人备一个或两个单元,其他老师在集体备课交流活动中,要做好增删调补。在这期间,青年教师不仅仅对自己备课的那个单元要作详备,对其他单元也要做好简备,简备主要是要备出框架,体现对上课内容的自我建构。书后面的习题每位青年教师都要做,要写出对习题的教法、习题所延伸的意义、以及对习题的相关拓展等等。同时青年教师每次上课后要做好教学反思和进一步的增删调补工作,教研组对此定期检查。

3. 教研组应是青年教师课题研究的有力中介

教研组在组织青年教师的教学实践时,可围绕课题研究的主题进行。如"数学生活化、活动化地研究",教研组可要求青年教师在备课的过程中要融入生活中的数学,对青年教师的教学评价也是围绕学习内容是否有生活的气息、数学学习形式是否以学生为主体,学生的自主学习时间占一节课的多少展开。教师在教研活动中应经常开展研讨,畅谈实践过程的得与失、利与弊,解决一个个小问题,不断地总结出研究成果。通过这样的活动可提高教师的科研能力,进而提高数学教育的整体水平。

总之,随着信息化社会的到来,数学的应用在不断地深化和扩展。展望未来,数学的知识和技术将成为社会公民日常生活和工作中所必需的一种通用技术。小学数学教师的素质关系到小学数学教育的成败,也关系到学生在数学上的发展。因此,作为一名新课改下的小学数学教师要时刻努力提高自身素质,适应社会和教育发展的需要。教研组通过多种路径帮助和促进青年教师成长,小学数学青年教师将分别从文化素质、思想素质、职业素质、创新素质等方面有所提高,以更好地适应新的教育理念的要求。

二、注重学生学法指导

古人云:"授人以鱼,不如授之以渔。"这句话到今天还有着深刻的意义。教师在教学工作中不仅要让学生掌握知识,更重要的是帮助学生掌握有效的学习方法,引导学生学会学习,以达到培养学生学习能力,提高学习效率和质量的目的。

现代教育对学生的学习要求不仅是"学会",而更重要的是要"会学"。教会学生学习方法比单纯传授知识更重要。然而,长期以来的"重教轻学"

倾向,致使学法指导肤浅,盲目单一。我们数学教师要是能在学法指导上多下功夫,定能达到"教是为了不教"的美妙境界。

学法指导有一个符合逻辑顺序的序列:即由已知到未知,由少到多,由浅入深,由简单到复杂,由低年级到高年级的顺序发展过程。下面就如何对小学低年级学生进行数学学法指导作几点阐述:

（一）激发学生学习数学的浓厚兴趣

兴趣是最好的老师。托尔斯泰认为:成功的教学所需的不是强制,而是激发学习兴趣。我们不能把数学课变成枯燥无味、让学生学而生厌的课。

1. 设计合适的情境

作为一名优秀的教师就是要想方设法让孩子从无趣中寻找和创造乐趣。苏霍姆林斯基说:"儿童是用形象、色彩、声音来思维的。"教学中可根据学生的生理、心理特点,引入乐曲、儿歌、图像、故事等,提高学生的学习兴趣,让学生在游戏中学。教师也可以结合教材向学生介绍我国悠久的数学史,讲数学小故事,名人事迹等。

"教学如游戏"。亚里士多德认为游戏是七岁以前儿童教育的一种方法。"在游戏中教学"应该是一种理想教学模式。依据当代美国人本主义心理学家和教育改革家罗杰斯先生的"有自由感"的教学观理论,游戏是儿童生活中最快乐的活动,是表现和发展儿童的自动性和创造性的最好的活动形式。教师既应允许儿童自由地尽情地游戏,又必须注意观察和指导儿童的游戏,从而通过游戏增进儿童的智力,培养良好的意志品质。

2. 开展数学竞赛活动

当今社会是竞争的社会,竞争已无处不在。课堂教学中适时采取竞争策略,可以促进群体参与,使课堂气氛活跃,激发学生积极进取。竞赛是激发学习兴趣的有效手段之一。在竞赛过程中学生会获得自尊、集体荣誉感,自我求成的需要也会得到满足。

教学完乘法口诀,教师可以开展口算竞赛。在规定的时间内看谁的计算准确率最高。全对的孩子会获得"口算能手"的光荣称号,如果一组中的学生表现都很好,他们还能为自己小组争得一颗象征荣誉的星星等。对此,孩子们总是表现出极大的热情。

3. 创设学生熟悉的生活情境

生活中的数学最能引起儿童的兴趣。当我们把数学问题融于学生熟悉的生活情境中,并用学生喜闻乐见的方式表现这些内容时,学生就会对数学产生亲切感和求知欲,就会积极主动地去探索数学问题。因此设计教学内容时要尽可能地贴近学生的生活实际,把数学问题生活化,并用实际生活场景或用动画片、童话故事等学生喜爱的方式呈现出来。这样有利于学生带着浓厚的兴趣感受数学知识的产生、形成与发展的过程,同时体会数学的价值,获得成功的情感体验。

"课堂小天地,天地大课堂",我们作为教师应该创设出孩子们熟悉的生活场景,应该让学生懂得生活就是数学学习的课堂,数学学习就在广阔的天地里,生命的成长中。

4. 诱发学生情感的积极投入

列宁说过:"一个人的思想只有被浓烈的情感渗透时,才能得到力量,引起积极地注意、记忆、思考。"课堂是学生学习的主要场所,学习的本身除了认知因素之外,情感因素起着特别重要的作用。因此课堂教学中教师的一个温柔的微笑,一个鼓励的眼神,一句亲切的话语,一个明确的手势都会影响学生学习的情绪,诱发学生情感的积极投入。这一切又能促进教师与学生之间关系,使大家无拘无束,尽情发挥主动作用,激起学习热情。

(二)促进孩子良好学习习惯的养成

1. 加强学生认真听课的指导

不是从幼儿园起就开始听课了吗?谁还不会听课?然而事实上并不是所有的学生都能用正确的方法听课。课堂教学是教学工作的中心环节。作为学生能听好每一节课,是学好功课的最重要的一环。

(1)指导孩子做好课前准备

课前准备主要包括心理的和物质的两方面。教育孩子课前不要剧烈运动,不参与刺激性的游戏。课前要准备好上课用品,如书本、文具盒、练习本等及摆好它们的位置。铃声响后,学生要安静地等候老师来上课。这样,上课后就能很快进入状态,善始善终专心听好课。

(2)教会孩子倾听

倾听,就是细心听、用心听的意思。这是一种礼貌,表示对说话者的人格尊重。倾听与听虽然只是一字之差,但从态度和效果上看却有着天壤之别。听,可能是在认真地听,也可能是心不在焉地听,甚至是偏听或者耳在心不在地听,而倾听则是一种态度,表示专注而认真,也是一种效果,表示有所得。

教学生学会倾听是教师的重要责任。在教学实践中,可以从以下两个方面优化对学生"听"的指导：

一方面要明确听的要求。如何倾听别人的意见是一种重要的学习技能,也是学生综合素养的体现。然而低年级的学生年龄小,很难静下心来倾听,注意力不够集中,他们的自主意识过强,总是想表达自己的观点。在平时的课堂教学中,要抓住机会郑重其事地强调："这位同学在说的时候,要听一听他说得怎么样？""你有没有不同意见,或者补充意见？""谁还有更好的意见？"等。学生只有认真倾听别人的答题后,才能正确判断正误。课堂上,教师还可以和善而亲切地提醒其他学生："听他把话说完好吗？也许他有他的道理呢！"反复强调后,孩子们一般都能等别人把话说完,并努力去理解,思考同伴的发言。即使一个学生的发言中有错误,其他学生跃跃欲试时,教师也要用适当的手势或眼神提醒他们耐心等待,这样他们再发言时就多了几分冷静的分析和理性的思考。

另一方面是指导倾听的方法。学会倾听,需要良好的方法指导。教师在课堂上要求学生认真听,可到底怎样才算认真听呢？学生对此认识比较模糊。老师应该给孩子一个具体的、可操作性的要求：

(1) 要专心听。不能一边听一边想其他事情。

(2) 要耐心听。别的同学发言时,即使有不同的想法也一定要等别人说完后再进行补充或质疑。

(3) 要细心听。当听出别人的发言有错时,学生要在评价发言的同时做到不重复他人的意见。自己的意见要建立在他人发言的基础上或者提出新颖的想法。

(4) 要有礼貌地听。当有同学发言非常精彩时,应该给以鼓励的掌声。

2. 重视学生数学语言的训练

所谓数学语言,是指教师在数学教学中结合实际,引导学生进行说题意、说数理、说关系、说想法、说过程等一系列语言表达,而这些训练要从低年级开始引导,逐步提高要求,这样才能让学生做到用准确、简明的数学语言去分析、综合,归纳概括,讨论争辩,从而加深学生对数学知识的理解,发展逻辑思维能力。具体实施过程中可以让学生说思维过程。

比如,口算"9加几"时要让学生说说他是怎样想的。可以让学生独自小声说、同桌之间互相说、四人小组练习说等等,课堂上要让每个学生都有说自己想法的机会。通过说,训练思维方法,引导学生用数学用语,完整地回答问题,促进学生思维能力的发展,训练的重点是要"说"得完整、准确、简练、有条理。

3. 适当引导和调控操作活动

皮亚杰指出:"活动是认知的基础,智慧从动手开始。"学生思维往往从动手实践开始。经过动手实践,不但经历知识的发生、发展的全过程,而且帮助学生揭示规律,建立概念,发现、理解、掌握、运用数学知识,这正是"我看见了就记住了,我做了就理解了"的哲理所在。

低年级的数学教学中,由于学生对操作的程序、方法生疏,水平和能力参差不齐,加上低年级学生又有好动、好奇的特点,如果缺少必要的指导,课堂将会难以想象。他们往往出现学具操作的主次不分、目的不明、兴趣转移、手脑脱节等现象。因此,在低年级数学教学的操作活动中,教师必须进行恰当的引导与调控。

教师在学具操作前有必要向学生提出明确的操作目的和要求:(1) 操作什么东西;(2) 怎样进行操作;(3) 操作的具体数量是多少;(4) 操作人员是如何安排的。

如在教学《米和厘米》的认识后,让学生亲自量自己铅笔盒的长和宽,量一量教室地面的长和宽,课本的长和宽。教师要明确要求测量工具可以是学生尺,也可以是其他工具;量铅笔盒和课本的长宽是独立完成,量教室地面的长和宽是四人小组合作完成等。学生活动结束后,要及时总结汇报,得出结论,完成感性认识到理性认识的转化,实现具体动作思维逐步到抽象逻辑思维的飞跃。

当然,学法指导必须从低年级到高年级持之以恒地训练,它是一个循序渐进的过程。不能因为教师、年级、班级、教材的不同随意确定,否则跳跃性强,训练没头绪、实施无边际、效果不明显。学法指导应按照学生特征,随着学生年龄的增长和知识的积累而逐步指导某种学法并使之不断发展和完善,同时,我们还应注意到各年级学法的密切联系,这样才能使学法指导落到实处。

实证篇

紧紧抓住梦想,
因为一旦梦想消亡,
生活就像折断翅膀的小鸟,
无法自由翱翔。
————兰斯顿·休斯

第一章　小学生数学情感和思维现状调查及分析

第一节　问题设计

前面章节对于"情思数学"的内涵、研究价值等已进行了较为详尽的阐述和探讨,然而,仅单纯的理论研究是不够的,唯有实践才能给理论穿上漂亮的衣裳。情思数学的理念在数学教学实践中的实施可行性如何,我们得关注学生的数学学习情感和思维品质因素。沿着这样的思路,我确定了主要研究问题:小学生的数学学习情感和思维品质现状如何?

第二节　调查对象

接受调查的小学是一所城郊结合部省级实验小学,生源、师资等都比一般学校要好,但和市里的名校还有差距。

笔者于2012年9月3日在该校五年级12个班中抽取了3个班的学生作为样本,发放问卷进行调查。共发放问卷190份,回收189份(整份问卷中有漏答或回答选项相同的视为无效问卷),问卷回收率达99.47%。

表1　初始问卷施测被试的结构分布(n=189)

班级		五(2)班	五(3)班	五(4)班	总数
性别	男	32	31	31	94
	女	32	31	32	95
总数		64	62	63	189

第三节　研究过程、问卷编制与统计工具

以班级为单位,由笔者担任主试,并由另两名教师担任助手,通过统一的指导与集体测试,时间为 40 分钟,测验后立即上交试卷。

调查问卷参阅了延边大学张研硕士论文中对数学情感的测试卷和华中师范大学赵雪硕士论文中对数学思维品质的测试卷,在此基础上综合而成。问卷由两部分组成。一部分是学生基本信息采集,包括性别、年龄;第二部分为调查问题,共设 52 个项目。由于笔者和另两位施测教师均为施测班级新接手的数学教师,并且一再告知调查结果与他们的学习成绩无关,因而保证了调查的客观和真实性。

问卷采用李克特五级量表计分法,要求被试者选择与自己实际情况最为接近的选项,对选择"完全符合"、"比较符合"、"基本符合"、"不符合"、"完全不符合"分别赋值 5 分、4 分、3 分、2 分、1 分。

表 2　小学生数学学习情感因素调查细目表

总体项目	问题项目维度		题目	
			项目数	实际题号
数学学习情感	学习兴趣	注意力	1	2
		积极性	2	4、48
		好奇心	1	22
		求知欲	1	3
	学习动机	主动性	3	1、6、11
		期待程度	1	7
		满足感	1	10
		自信心	3	8、26、27
		爱思考	1	9
	学习态度	对数学学科的理解	2	19、17
		对学习活动的认识	3	12、13、18、
		对学业需求的理解	2	14、15
		生活与数学的联系	1	16
	学习焦虑	考试的压力	2	23、25
		教师的影响	3	5、21、24
		父母的影响	1	20

表3　小学生数学学习思维品质调查细目表

总体项目	问题项目维度	项目数	实际题号
数学学习思维品质	广阔性	4	31、36、41、42
	深刻性	6	28、30、34、35、39、51
	批判性	4	33、40、43、50
	灵活性	5	32、37、38、44、49
	独创性	5	29、45、46、47、52

第四节　结果与分析

为了了解小学生数学学习情感和数学思维品质基本情况,探讨不同性别不同班级学生在数学情感和思维品质方面的差异,从而寻找培养小学生数学学习情感和思维品质的方法,所有问卷内容录入 Excel 2007 软件,并通过 SPSS 17.0 对调查数据进行描述统计和分析。

一、小学生数学学习情感和数学学习思维品质的总体情况

表4　小学生数学学习情感的描述统计

	N	最小值	最大值	均值	标准差
学习兴趣	189	1.00	5.00	3.12	1.02
学习动机	189	1.27	4.73	2.93	0.64
学习态度	189	1.00	5.00	3.19	1.13
学习焦虑	189	1.89	4.78	3.14	0.63
数学学习情感	189	1.52	4.73	3.10	0.74

由表4可知,小学生数学学习情感的整体情况良好。而相比较其他因素,小学生在学习动机方面总体较低,各个学生在该项目上的差别不大,但在学习兴趣和学习态度这两个项目上差别较大。

表 5　小学生数学学习思维品质的描述统计

	N	最小值	最大值	均值	标准差
广阔性	189	1.75	5.00	3.92	0.70
深刻性	189	1.33	5.00	3.67	0.72
批判性	189	2.00	5.00	3.92	0.69
灵活性	189	2.00	5.00	3.99	0.73
独创性	189	1.00	5.00	2.98	0.72
数学学习思维品质	189	2.33	5.00	3.70	0.56

由表 5 可知，小学生数学学习思维品质的整体情况良好。相比较其他因素，小学生的独创性思维总体较低，但各个学生在该项目上的差别不大。

二、小学生数学学习情感和数学学习思维品质的性别差异

表 6　小学生数学学习情感的性别差异

	性别	N	均值	标准差	T 值	P 值
学习兴趣	女	95	3.09	0.97	0.55	0.58
	男	94	3.17	1.08		
学习动机	女	95	2.96	0.60	0.68	0.50
	男	94	2.90	0.70		
学习态度	女	95	3.18	1.14	0.41	0.97
	男	94	3.19	1.13		
学习焦虑	女	95	3.11	0.61	0.69	0.49
	男	94	3.17	0.67		
数学学习情感	女	95	3.09	0.73	0.27	0.78
	男	94	3.12	0.76		

由表 6 可知，男女生数学学习情感整体上不存在显著差异（$P>0.05$）。四个维度上考察，也没有显著性差异（$P>0.05$）。这表明，小学生数学学习情感在性别上是没有较大差别的。

表 7　小学生数学学习思维品质的性别差异

	性别	N	均值	标准差	T 值	P 值
广阔性	女	95	3.97	0.65	1.07	0.29
	男	94	3.86	0.76		
深刻性	女	95	3.74	0.65	1.36	0.18
	男	94	3.60	0.78		
批判性	女	95	4.02	0.61	2.03	0.04
	男	94	3.82	0.75		
灵活性	女	95	4.03	0.65	0.89	0.37
	男	94	3.94	0.84		
独创性	女	95	3.00	0.69	0.27	0.79
	男	94	2.97	0.75		
数学学习思维品质	女	95	3.75	0.51	1.42	0.16
	男	94	3.65	0.63		

由表 7 可知,男女生数学学习思维品质整体上不存在显著差异($P>0.05$),但在思维的批判性这个维度上存在显著差异($P<0.05$),其他各个维度上没有显著性差异($P>0.05$)。

三、小学生数学学习情感和数学学习思维品质的班级差异

表 8　小学生数学学习情感的班级差异

	班级	均值	标准差	F 值	P 值	两两比较 $P<0.05$
学习兴趣	2 班	2.24	0.70	68.16	0.00	3 班>2 班; 4 班>2 班
	3 班	3.50	0.85			
	4 班	3.74	0.81			
学习动机	2 班	2.49	0.48	32.26	0.00	3 班>2 班; 4 班>2 班
	3 班	3.12	0.60			
	4 班	3.23	0.60			

续表

	班级	均值	标准差	F值	P值	两两比较 P<0.05
学习态度	2班	1.92	0.54	212.06	0.00	3班>2班;4班>2班
	3班	3.81	0.68			
	4班	3.96	0.67			
学习焦虑	2班	2.67	0.39	38.98	0.00	3班>2班;4班>2班
	3班	3.40	0.64			
	4班	3.39	0.57			
数学学习情感	2班	2.33	0.35	139.17	0.00	3班>2班;4班>2班
	3班	3.47	0.52			
	4班	3.58	0.53			

由表8可知,小学生数学学习情感在学习兴趣、学习动机、学习态度、学习焦虑这几个维度上的相关系数的显著性均存在极度显著差异($P<0.05$,且 $P<0.01$)。

表9 小学生数学学习思维品质的班级差异

	班级	均值	标准差	F值	P值	两两比较 P<0.05
广阔性	2班	4.07	0.61	2.87	0.06	3班>2班
	3班	3.79	0.78			
	4班	3.87	0.70			
深刻性	2班	3.74	0.78	1.48	0.23	
	3班	3.54	0.72			
	4班	3.72	0.62			
批判性	2班	3.99	0.74	1.90	0.15	
	3班	3.78	0.71			
	4班	3.92	0.59			

续表

	班级	均值	标准差	F 值	P 值	两两比较 $P<0.05$
灵活性	2 班	4.14	0.63	3.21	0.04	3 班>2 班
	3 班	3.81	0.79			
	4 班	3.99	0.76			
独创性	2 班	3.15	0.70	3.42	0.04	4 班>2 班
	3 班	2.96	0.78			
	4 班	2.82	0.64			
数学学习思维品质	2 班	3.82	0.53	3.04	0.05	3 班>2 班
	3 班	3.58	0.62			
	4 班	3.68	0.51			

由表 9 可知，2、3、4 班小学生数学学习思维品质整体上存在显著性差异（$P\leqslant0.05$），其中在广阔性、深刻性、批判性这三个维度上不存在显著差异（$P>0.05$），但在灵活性和独创性方面存在显著差异（$P<0.05$）。

第五节 结论与思考

一、分析与讨论

（一）小学生数学学习情感和思维品质的整体情况

本研究结果表明，小学生数学学习情感和思维品质总体情况良好。良好的情况往往与学生的身心发展特点和客观环境的影响有关。但我们也应该看到，学生在学习兴趣和学习态度方面的个体差异，以及在思维的独创性方面的欠缺。

（二）小学生数学学习情感和思维品质上的性别差异

由表 6 可知，小学生数学学习情感在性别上不存在显著差异，但男生的整体情况要略高于女生，其中学习兴趣上男生要高于女生，学习动机上男生则低于女生。笔者认为这种细微的差别原因可能是男生的兴趣更为广泛，更容易被更多的新奇事物所吸引，而女生在生理和心理上发育普遍比男生要早，因此虽然数学未必是自己感兴趣的学科，她们更明白数学是很重要的学科及学好数学的重要性，因此她们的学习动机更为强烈。

由表7可知，小学生数学学习思维品质在性别上也不存在显著差异，但是在思维的批判性方面男女生存在显著差异。女生倾向于模仿，形象型思维占绝大多数，她们更多地依赖家长和老师，遇到问题习惯于顺着套路去思考；而男生中独立思考者较多，他们更多擅长于抽象思维，分析处理问题时能够自己思考，他们喜欢挖掘题目所隐藏的内在原因或联系，并善于比较和注重关注事物的主要矛盾和事物间的联系。

（三）小学生数学学习情感和思维品质上的班级差异

由表8可知，小学生数学学习情感的各项指标在不同班级均存在着极为显著的差异。同时，经过两两比较可以发现，2班的各项指标水平都处于最低，3班和4班之间却没有显著差异。原因如下：1. 教师原因。教师没能真正做到关注学生情感态度价值观的培养，不注重吸引学生注意力，启发学生的好奇心。当学生有了进步，教师没能及时鼓励引导，这样就使得该班学生对于抽象的数学内容失去了学习兴趣，学习动机也逐渐减弱。另外，教师在平时的教学中，往往只注重知识的传授，给予学生无形的学习压力，却忽略了学生数学学习态度的培养，从而导致学习焦虑现象逐渐增强。2. 家庭原因。很多的研究表明，家庭生活对学生的学习生活影响是深刻的，甚至是关键的。一些学生在最初的数学学习中产生挫败感和恐慌感，家长不能给予正确的疏导，甚至是责骂殴打，这样就无形中加重了学生对于数学学习的不安和不快。

由表9可知，小学生数学学习思维品质的各项指标在不同班级存在着显著差异，特别表现在灵活性和独创性上。两两比较发现，在思维的广阔性和灵活性方面，3班明显高于2班；在思维的独创性方面，4班高于2班；思维的深刻性和批判性方面，3个班之间均没有显著差异；无论是思维的哪个维度，3班和4班都没有显著差异。分析不难发现，2班的大多数学生在数学学习上不善于变通，不能深入分析、评价和独立判断自己的思考方法的优劣，更不能突破常规的程式去提出自己的见解或看法，如此就导致知识的系统性较弱、结构性较差，从而不能产生较大的思维跨越，思维品质比较低下。

二、结论

通过对五年级三个班级学生数学学习情感和思维品质的调查研究,得到如下结论:

(一)小学生数学学习情感和思维品质总体情况良好。

(二)小学生数学学习情感在性别上不存在显著差异,男生的整体情况要略高于女生,其中男生学习兴趣比女生要强一些,而女生的学习动机则比男生要强。

(三)小学生数学学习思维品质在性别上也不存在显著差异,但男生的思维批判性高于女生。

(四)小学生数学学习情感在不同班级存在着极为显著的差异。其中一个班级的各项指标水平都处于最低。

(五)小学生数学学习思维品质在不同班级存在着显著差异,特别表现在灵活性和独创性上。

三、展望

虽然本次问卷调查仅仅是在一所小学部分学生中进行的,但它还是具有一定的代表性,从中能反映出一些问题,即小学生数学学习情感和思维品质虽然在性别上没有显著差异,但是不同班级间却存在显著差异。这说明不同的数学教师的教学理念和教学策略将会对学生的数学学习情感和思维品质产生一定的影响。

因此,在未来的教学工作中,笔者希望通过自身的努力,让学生从内心喜爱数学,积极主动地参与、探究和发现,提升学生的思维品质。

第二章 情思数学影响弱智儿童数学学习的个案研究

第一节 缘起

1994年联合国教科文组织在西班牙萨拉曼卡召开了世界特殊需要教育大会并发表了《萨拉曼卡宣言》。在这次大会中,首次提出了全纳教育的理念。全纳教育的提出得到了各国教育界的广泛关注和热情支持。全纳教育主张普通学校应该接纳所有的儿童,所有的儿童都应该得到同等受教育的机会。

我国儿童也都享有受教育的权利和得到了受教育的机会。部分得到确证的弱智儿童进入辅读学校接受学习和教育,但基于现实条件,尚有一些弱智儿童并没有进入辅读学校接受特殊教育,而是在普通学校与正常儿童接受同等的基础教育。显然,这些儿童在普通学校接受教育将会处于极其不利的地位,他们的学习和生活将会极其困难。如何让这些弱智儿童能与正常儿童一起健康成长,甚至能促进他们的智力发展能够迎头赶上一般儿童,这对我们真正实施和实现全纳教育将具有极其重要的意义和价值。

人的智力发展水平会受到多种因素的影响。遗传因素是智力发展的物质基础,它提供了智力发展的可能性,但环境特别是后天的教育会对智力发展起着决定性的作用。后天的教育特别是学校教育对智力的促进作用也得到了许多教育家和智力学家们的认同。

智力是在经验中形成的,个体的知识源于感官的经验。学习者的体验也在新一轮的课改中受到了前所未有的重视。"我听到过,过眼云烟;我看到过,历历在目;我做到了,铭记在心;我体验过,沦肌浃髓。"体验调动了学习者的多种感官,激发了学习者的情感,触动了学习者的自我。体验学习作为人类最为基本的学习方式之一,它是教育者引导学生将自己的全部身心投入到与外部世界的交往之中,进而生成反思与实践的学习方式。在体验学习中,弱智儿童有更多机会获得成功的快乐,学习习惯、智力水平能得到有效地提高。现代生理学和心理学的研究成果也表明人们的学习活动不仅依靠大脑皮层,结构的智力活动,而且是在情感的参与下进行的。伴随着体验活动的教学,有助于人的思维,有助于人的个性发展,有助于人们对知识的理解和掌握。最重要的是,体验学习是一个明确具体、极富操作性的学习过程,由具体体验,经反思观察,再到抽象概括,最后把抽象概括所得的知识在行动中进行应用,即热身活动—具体体验—反思观察—抽象概括—行动应用。

本研究就是通过了解、调查找到导致弱智儿童学习困难的原因,以体验学习为指导提出促进弱智儿童智力发展的课堂教学辅导方案,帮助他们形成积极主动的学习态度,从而最终促进他们的智力发展。

第二节 实验过程

一、实验对象

小A,男,12岁,2010年9月入我校就读,属于外地借读生。父亲和母亲都在外地工作,对孩子的学习兴趣、课外辅导、行为习惯等方面的关注几乎为零,平时也从不主动与教师联系。学校开家长会,家长既不参加也不请假。由于其在学校吃午饭,发现其饭量较大,但只是个子较高,身体单薄。经过几周的教学,我发现他的个子是全班最高的,很少大声说话,可是如果有学生接近他,他会大声叫喊。他走路时喜欢躬着身子,头往前倾。老师布置作业后,他会在很短的时间内完成,可是错误率极高。

2012年采用瑞文标准测验联合型对其测的结果是69分,为"轻度弱智"。在数学学习上,二年级下学期,小A能认识简单的数字如"1、100、540"等,会背乘法口诀,会计算简单的20以内的加减法,理解性的题目不能独立完成。题目较多时,原来会的计算题也会瞎做。测试成绩总是不及格,最高27分,最低10分。

上课时偶尔举手,能回答一些简单的问题,但是遇到不会的问题,从不主动去请教同学或老师,处于沉默寡言的状态。小组合作时也总是沉默,问他和其他组员交流的内容,他的眼神总是有些游离,躲闪不定。老师要求他跟着学知识时,他经常是把头埋得低低的,说:"我不会,我不会!"他的数学基础较差,老师的表扬和鼓励,时常让他感到不好意思。小 A 对数学学习有畏难情绪,没有学习兴趣。

二、实验方法

采用个案研究的方法。以体验学习为指导,对小 A 实施了为期一年促进轻度弱智儿童智力发展的课堂教学研究。

三、实验过程

针对小 A 的实际情况,我在研究过程中重点通过体验学习激发其学习数学的兴趣,影响其智力朝着良好的方向发展。

(一)热身活动环节:以良好的师生感情重塑小 A 学习的自信

体验式的热身活动分为注意力类、记忆类、想象力类、思维类以及观察力类,采取体验学习方式是希望通过这一系列的活动来加强学生的观察力、注意力、记忆力、想象力、思维力,尤其是思维推断能力,从而达到提高学生智力的目的。

一次热身活动中我们玩"彩条游戏"。游戏是这样玩的:我一手拿 6 根彩色卡片,在学生面前一晃而过,然后问:"你知道老师的手里有几根彩色卡片吗?"小 A 举手了,我很高兴地请他回答,谁知他站起来后却不说话了,我知道他可能担心自己会出错,就激励他:"没关系的,说错了也没关系。大家说是不是啊?"可爱的同学们大声说:"是的!"小 A 终于说了:"是 6 根。""小 A 说是 6 根,对不对呢?我们一起来数一数!"孩子们数完发现是 6 根,这一刻掌声雷动!小 A 却低下了头。"多好啊!小 A,老师刚才晃动的速度可快了,你一下子就数对了,真了不起!"慢慢地,他的脸抬起来了,还有些不好意思。

小 A 在热身活动中,乐于动脑,敢于发言,这无疑说明他正在慢慢消除学习上的自卑感和恐惧感,逐渐增强了学好数学的信心和勇气。可见,他在观察力、注意力方面有了一些提高,这些进步是多么的来之不易啊!我对小 A 取得的一点点进步,总是大加表扬,以满足他受尊重的心理需求,让他享受成功的快乐,找回自信和自尊,激起他克服困难的信心和勇气,形成良好的发展态势。

教学过程是一个情感交流过程,和谐的师生关系是教学的情感基础。师之爱,如春风,能抚平学生心灵的创伤;师之爱,如甘露,能滋润学生干涸的心田。弱智儿童天生不幸,更需要教师的爱,只有教师真心的爱,才能赢得弱智儿童的信任和尊重。在课堂教学的热身活动中,教师应特别重视感情的投入,注意教师的形象、教态等,自始至终体现对弱智儿童的充分信任和鼓励,以自己生动的语言、形象的动作、丰富的表情来感染他的情绪,在上课开始就营造出温馨愉悦、融洽和谐的课堂气氛,使他对接下来的学习充满期待。

(二)具体体验环节:放手让学生动手操作,丰富小 A 的感性经验

在数学教学中,应更多的让学生动手操作。苏霍姆林斯基说:"在手和脑之间有着千丝万缕的联系,这些联系起着两方面作用,手使脑得到发展,使它更加明智;脑使手得到发展,使它变成创造的、聪明的工具,变成思维工具和镜子。"动手操作,可以为学生架起从感性知识到理性知识的桥梁,帮助学生理解掌握知识,又可以解放学生的双手,使学生的脑、口、手结合起来主动参与学习,发展思维,培养创新能力。对于弱智儿童来说,操作活动更是激发起学习兴趣的一种有效手段。动手操作不但能让弱智儿童主动获得感性经验,调动学习兴趣,而且对于促进他们的思维发展和身体的健康发育(特别是手指小肌肉群的发展)都是非常有益的。人们常说"心灵手巧","心灵"就是指智力发展,"手巧"是指动手操作。因此在小 A 的数学学习中尤其需要动手操作的训练。

例如在教学《比较数的大小》一课时,具体体验环节实施过程中,我带领孩子们到数学王国去做客,帮数学王国的国王解决数的大小排列问题,孩子们兴致盎然,小 A 也跃跃欲试。我看准这一点,请他到前面来为 345 和 453 排排队,他拿了一个大于号的卡片贴上了,同学中有轻轻的遗憾声。小 A 好像意识到了什么,我想他一定会去拿小于号,谁知他还是拿起大于号,更让人没有想到的是他竟然将大于号翻转 180 度,这下大于号成了小于号,他高兴地走下了讲台。多么让人惊叹的一幕啊!我带头鼓掌,想象着小 A 在刚刚过去的几秒钟内他的内心经历了怎样的思维转换,他找到了一种一般人都没能想到的方法,同样很好地解决了问题。不管他的答案是否是自己所想,但至少他能从同伴的遗憾声中知道先前的做法是错误的,他必须改正,而他的改正方法真的出乎大家的意料。"谁说他弱智?弱智的孩子能想出如此巧妙的方法吗?"我不禁在心里问自己。正是由于动手操作的成功,

他尝到了数学学习的乐趣。小 A 整节课都能以一种前所未有的状态投入，那节课中他举手次数特别多。

美国著名教育家杜威有一句名言："从做中学"，说的就是操作、游戏、讨论、独立思考等自主的学习行为。可见，数学课堂放手让学生大胆的动手操作，让学生自己去解决问题是多么的重要。

（三）反思观察环节：用生动有趣的游戏激发小 A 积极思考

游戏是儿童最喜爱的活动之一，它是以模仿和想象来反映现实生活的一种有益于孩子身心健康的活动。游戏是孩子成长的摇篮，它能给孩子提供充分交流的机会，可以促进孩子的语言表达能力、思维能力及交往能力的发展。从日常生活中，我们常常发现孩子们总是对做游戏兴趣极高。弱智儿童更是如此。枯燥、单一的教学方法，不能很好地激发他们的学习兴趣。弱智儿童的心理年龄滞后，喜爱玩耍是他们的天性使然。根据弱智儿童好动、持久性差的心理，要完成数学课上教与学的任务，使学生学得愉快，积极，主动，必须寓教于趣，寓教于乐，才能使学生兴趣盎然，产生乐学、爱学的情绪，收到良好的教学效果。寓游戏活动于数学学习之中，有利于激发他的学习积极性，变无意注意为有意注意，变无目的活动为有目的活动。可见，游戏对弱智儿童的发展也起着举足轻重的作用。

在教学中，我经常采用主动、直观的教具，如插入"抓小鱼"、"击鼓传花"、"算式接龙"、"登山夺红旗"、"拍手找方向"等游戏，让学生动手、动脑、动口，多种感官并用，吸引他们的注意力。有时我也讲一些有趣的故事，生动的语言，形象化的情境，唤起学生愉快之情，使情感和认识活动产生共鸣，收到事半功倍的效果。

在这种寓教于乐的氛围中，小 A 也积极投入，在游戏中参与学习。如学习《元、角、分的认识》时，教室布置成了商店，教师的粉笔，学生的文具，书包等都标上了价格，由学生来扮演售货员和顾客的角色。反思观察环节，小 A 主动要求担任顾客角色，他买的是一块 1 元钱的糖，给售货员 2 张 5 角钱。我问他："小 A，你为什么要给 2 张 5 角钱啊?"小 A 一脸开心地说："我会买东西的，我还会买盐呢!"我明白了，生活中的经验给了他学习的兴趣和勇气。体验，看似仅仅是获得直接的知识经验，但因为它同时伴随着需要的满足、心理的平衡和悟性的获得等内在的精神活动，因此可以说是个体整个身心的全面激活。你瞧，他完全沉浸在这样的快乐中了。也许，在解答有关人民币的知识性题目时，他还会一筹莫展，但我知道他已经掌握了这方面的知识!

(四)抽象概括环节:在与同伴的合作交流中小A也有了自己的收获

与同伴合作交流是当代学生的必备素质。现代教学理论研究表明,教学是一种社会性认知活动,互动对学生有着重要的发展价值。当一个孩子在与别人进行着即时即景的交流时,往往会启发自己的思维,会感受到一种茅塞顿开、妙不可言的独特思维体验,碰撞出灵感的火花,带来良好的学习效果。对于弱智儿童而言,他由于自身知识的缺乏,常常在小组交流中处于"弱势",只有听的份儿,长此以往,他连听的权利也不要了,只专注自己的事。为了避免这种情况的发生,我在教学中,特地在小A的周围安排了责任心较强的孩子,为他创造与他人合作的机会,培养他的合作意识。

教学《认识方向》一课时,在学生已经建立方向之间的位置关系,能寻找规律并辨认方向的基础上,我引导学生以小组为单位看教室上方的方向板,互相说一说八个方向在排列上有什么规律,用什么方法能够记住这八个方向。我看到小A一组的同学也在积极讨论,有一个同学已经能不看方向板说出八个方向了。我轻轻走过去,问:"你们讨论出结果了吗?"他们纷纷点头,我请其余学生一个个说出自己的想法,接着问小A:"你知道东和南之间是什么方向吗?"他很快回答:"是东南。""你是怎么知道的啊?""××刚才说给我听的。"原来在和同伴的交流中,小A也掌握了不少知识。像这样放手让学生找规律,找方法,找自己喜欢的记忆方法来记忆,较之教师苦口婆心地将方法规律教给学生,学生还是喜欢前者更多些。在这样的氛围中,小A更加树立起了学习数学的信心和勇气。因为不管他能否找到或找到怎样的记忆方法,同伴的交流都可以给他避免直接面对问题而无从下手的尴尬,教师热情的肯定更给了他信心和勇气。

(五)行动应用环节:在实际应用中帮助小A完成知识的应用

《21世纪中国数学教育展望》中指出,要使学生在活动中和现实世界中学习数学,发展数学,要通过解决实际遇到的问题,培养学生初步的逻辑思维能力,运用数学思维、方法,进一步分析解决问题的能力,在数学应用过程中,培养学生的创新意识,让数学回归生活,并获得学有所用的积极情感体验。

教学中,我也努力将小A的数学学习与生活联系,尊重他的个体生活积累,让他体验生活与数学的密切联系。

教学《平均数》一课时,在具体体验——反思观察——抽象概括等环节都顺利完成,学生对于平均数已经有了较为深刻的认识之后,到了行动应用环节,讨论有关游泳问题。请看小A此时的表现。

师:夏天天气炎热,小朋友喜欢下水游泳。小明去小河游泳会不会有危险呢?我们一起去看看吧!

出示画面:小河边

屏幕显示:平均水深110厘米

出现录音:我身高145厘米,下水游泳不会有危险。他说得对吗?

同学们一致认为"不对!"小A的身体已经离开了座位,我请他回答。

小A:不对。有危险的。

师:你怎么知道的呢?

小A:我妈妈不允许我游泳,说水深,会有危险的。

师:是啊,河水有的地方深,有的地方浅。图中也有这样的意思,你能找到吗?

小A不说话了。我请别人回答。

生:平均水深110厘米,说明有的地方比110厘米还深,可能会超过145厘米,所以有危险。

师对着小A:他说得对吗?

小A:对。

师:这里的平均水深110厘米,是什么意思?

生:有的比110厘米深,有的比110厘米浅。

小A:有的地方可能比小明的身高要深,他会有危险的。

师:说得真好。看来小明的想法是错的。小朋友想去游泳也应该注意安全哦!

小A应用自己在生活中的经验解决数学问题,用数学的眼光观察生活、解释生活现象。这对他来说是一件十分了不起的事情!数学教学中,我们不仅要让学生明白知识是从哪里来,更要让学生明白学习这些知识的用处,应努力将有限的课堂引向无限的课堂之外,在实际应用中帮助学生梳理课堂知识。在这样的学习过程中,学生体验到生活中处处有数学,数学在生活中有着广泛的应用。

第三节　　实验结果

通过一年的体验学习,即从热身活动—具体体验—反思观察—抽象概括—行动应用的各个环节的教学干预,小 A 学习数学的热情得到了提高,他常常能和其他的同学一起参与到课堂教学活动中来。实验前测试,小 A 的数学成绩仅为 17 分,经过一年的体验学习干预后,小 A 取得了 55 分的好成绩。更为可喜的是他的智力发展也有了明显的进步,在接下来的测试中 IQ 分数上升为 93 分,等级从轻度弱智上升为次正常水平。

第四节　　结论与启示

在数学课堂上对弱智儿童进行智力方面的干预训练后,他的进步是明显的,稳定的,并能产生一定的迁移作用。例如,许多任课老师反映,小 A 最近上课很专心,参与课堂活动的时间长了,从中获得的启迪是:1. 弱智儿童是可以教育的;2. 通过体验学习,轻度弱智儿童的智力得到了较大的提高。

弱智儿童经过体验学习的课堂干预训练后,学生在智力方面进步明显。看来,对随班就读的弱智学生采用体验学习进行课堂干预是确实可行的,弱智儿童还是有发展潜能的。为了促进弱智儿童的知识积累,提高他们的智力水平,必须加强对他们的课堂教学干预,让他们真正地随班就读,而不是随班"混"读。而且像这样采用体验学习进行教学干预必须持之以恒。同时,弱智儿童的智力不是短期内就能提升的,而要靠长期培养。在采用体验学习进行学科训练中,还应兼顾其他能力的培养,把孩子看作一个整体,让他们充分地发展。

学生的智力是否有发展,对学习有无兴趣,与教师的启发,诱导有很大关系。小 A 的进步让我看到了希望。当然,对弱智儿童数学学习的培养要循序渐进,在这个漫长的过程中,我坚信量变必定会带来质变,长时间的积累会让弱智儿童拥有取得成功的信心。

策略篇

我常看到世间的喧嚣
在零度以下平静
地平线上的人们
是否也在摄取静止时的温度
　　　　　　——北极君

第一章 关注数学教学中的情感教育

在追寻尊重生命,关注学生全面发展的今天,发展学生的数学思维品质更要关注情感目标的落实。大家或许都有过这样的体验:当心情愉悦时,思维也就显得特别活跃,反应特别灵敏;反之,则思维混乱无序,反应迟钝浑浊。可见,情感之于思维是多么重要。那么,如何在数学教学中寻求情感的和谐共振呢?

第一节 教师要带着感情去教,学生才会充满感情去学

教师的丰富情感是搞好教育工作的巨大动力和源泉。对此,苏霍姆林斯基这样说:"教师对教材冷淡的态度会影响学生的情绪,使其所讲述的材料好像和学生之间隔着一堵墙。"

作为小学数学教师,当我们有幸承担数学学科的教学任务,我们就应热爱自己的任教学科,从内心深处去热爱数学,以满腔的热情投入到数学教学活动中,享受教数学的过程。因为我们对数学的情感会潜移默化地影响学生对数学的情感。当你充满情感走上讲台,你的课才可能成为学生学习的享受,你的学生才可能把听你的数学课当成一种乐趣,才会自然地爱上数学、爱上思维。教师将自己对数学学科的热忱和感受融入教学内容之中,就如同给教学内容穿上了情感的外衣,染上了情感的色彩,这样的教学无疑能最大程度地激发学生的学习兴趣,唤起学生的内部需要。因此,我们应在传授数学知识的同时将自己的情感体验随着教学内容一道带给学生,以激起学生在情感上的涟漪。

第二节 挖掘数学课程的涓涓细流,调动数学学习的浓浓情感

小学数学课程本身蕴含着丰富的情感教育素材,是非常重要的情感资源。因此,教师课堂设计时,要认真钻研教材,除了开发数学知识资源外,还应善于发现和挖掘教材中的情感因素,利用其所具有的独特魅力去吸引、感染学生。

一、创设情境,激发数学学习的愿望

"数学王子"张齐华在教学"轴对称图形"一课时,是这样导入的。

师:今天,张老师非常高兴,和咱们碧波小学的六(1)班的同学在接近吃午饭的时候,上这堂课。张老师觉得高兴,同学们,你们觉得高兴吗?(高兴)声音给了张老师不少的信心。说实话,张老师一开始也是满怀着期待和高兴的心情,来准备上这堂课的。可是,一走进这会场,张老师可有点高兴不起来了,为什么呢?是因为张老师心里有那么一点小小的担心,谁知道张老师可能担心什么?

生答略。

师:其实张老师的担心非常的简单,只有一个字。张老师最担心的是咱们六(1)班的同学会不会"玩"。

师:张老师还真有点不太相信,说实话啊,现在的孩子还真不怎么会玩。你们真会玩?

师:口说无凭,老师这里有一张白纸(出示一张白纸)如果是你的话,你会怎么玩?

生答略。

师:看来咱们这一班同学还真会玩。想知道张老师怎么玩这张纸吗?那可就要认真瞧了。

师:先把这张纸对折,然后从折痕的地方,任意地撕下一块。虽然任意,但是撕得很认真的。想玩吗?谁都有机会。

……

上述案例中,张老师创设了一个对话情境,看似随意的谈话,却将孩子的目光一下子吸引住了,有效地激发学生学好轴对称图形的愿望。苏霍姆林斯基曾说:"让学生带着一种高涨的激动情绪,从事学习和思考,对目前所展示的真理感到震惊。"这一节课,由于所学的数学知识与学生的情感融汇相通,学生的学习过程充满了愉悦,他们享受到知识带来的无限乐趣。

二、联系生活,萌发数学学习的情感

小学数学教材非常注重与学生的生活实际联系,在排版上文字叙述明显减少了,进入师生视野的是一幅幅生动有趣、五彩缤纷的主题图。即便是计算课的教学,也会有一个与学生的生活紧密联系的实际情境来作为知识的引入。如教学第九册《小数加法和减法》的第一课时,例1给出了学生熟悉的购物问题主题图,通过对信息的分析、整理,提出相关问题,从而产生计算需要。教材中有很多类似的情境,如教学乘法运算律时,也是由生活中的数学问题引出一组等式,通过启发性的问题,引导学生探索并在小组里交流,最终发现并归纳出乘法运算律。

当然,联系生活渗透情感教育既要让学生体验到数学来源于生活、提炼于生活,更要认识到数学终将在更高层次上应用于生活、服务于生活,这样,学生才会感受到数学的重要作用,才能更好地萌发数学学习的情感和欲望。

三、关注体验,提高学生追求真知的动力

(一)要重视引导学生关注数学中的美

数学知识本身就是美的化身。作为数学教师,我们应当通过向学生揭示数学的美,培养学生鉴赏数学美的能力,从而内化学生对数学的情感。教师在教学中要关注学生对美的体验,可以利用教材的趣味性,让学生看一看、摸一摸、摆一摆、指一指、移一移、说一说甚至唱一唱等以及现代多媒体教学手段,让学生与相关的学习内容产生共鸣,提高学生追求真知的动力,让他们产生愉悦的心理体验和对学习内容的探究情感。

(二)应不失时机地在课内外数学教学活动中渗透情感教育

教材中常常会出现一些趣味题、数学小知识或数学家的故事、数学知识的发现史等,教师可结合这些教学内容,利用各种渠道向学生介绍。如讲解五年级第一单元《认识负数》时,可穿插介绍中国人最早使用负数的历史,激

发学生的学习兴趣和民族自豪感。

第三节　以美好的情感去感染学生，唤起学生数学感性的共鸣

一、尊重

每个人都有自己的理想和尊严，都渴望得到他人的理解、认可和尊重。前苏联著名教育家苏霍姆林斯基在《要相信孩子》一书中这样说道："在影响学生的内心世界时不应挫伤他们心中最敏感的一个角落——人的自尊心。"每一位孩子都渴望得到他人的尊重，特别是教师的尊重。如果说没有爱就没有教育，那么离开了尊重同样也谈不上教育。在教学中教师应充分认识到学生的主体性，尊重学生的每一次回答、每一份作业、每一点进步。教师的一个赞许的目光、一个不经意地积极评价、一次蹲下来与学生的对话，都会在学生心灵中产生积极影响，收到意想不到的教育效果。

二、平等

课堂中，教师与学生生命相遇、心灵相约，一起探寻真理、质疑问难。于学生而言，课堂是一起分享理解的场所，是生命活动、成长和实现自我的地方。作为教师，要平等对待每一个学生，给学生以真诚的信任，创设融洽的情感氛围，这样才能为数学学习打下坚实基础。

孙敬修老先生曾说过："让学生爱你，亲近你，你才能赢得学生的心，才能胜任教师的崇高使命。"记得有一次，我借班进行《转化的策略》公开课教学，为了建立融洽的师生关系，创造和谐轻松的教学气氛，我利用课前短短几分钟通过游戏与学生交流，一下子拉近了师生距离，同时又巧妙地渗透了本课的数学思想，取得了较好的教学效果。

三、鼓励

想起暑假期间观看的张齐华老师执教的《分数的初步认识》这节录像课。我欣赏张老师课堂设计的新颖，环节处理的恰到好处，更欣赏的是他那

富有启发性、煽动性的丰富的课堂语言。张老师出示一张平均分成6份、其中一份涂色的纸条,让学生估测涂色部分占整张纸条的几分之一,这时,孩子们有的用手比划着,有的小声议论着,一个小男孩回答可以用八分之一来表示,这时,张老师走到他的身边握着他的手问:"你是怎么看出来的?"小男孩回答:"这一份是上面一份的一半。所以涂色部分就是整张纸条的八分之一。"张老师高兴地说:"你真厉害,你离成功只一步之遥。"评价是如此巧妙,既有对他善于动脑的肯定,又有对他要认真仔细去思考问题的期望。采用这种鼓励性语言,不但调动了这个孩子的学习积极性,对整个班级来说,也都是一种鞭策。整节课,学生学得投入、兴奋,课堂气氛异常活跃。

  如果我们也能做到善于发现学生在学习过程中偶尔产生的积极情感并及时给予肯定和鼓励,那么这种情感就会转变为稳定持久的积极情感,最终化为对数学学习的自信心,获得学好数学的信念。

  陕西师大罗增儒教授曾说:"知识只有插上了情感的翅膀,才会富有趣味性的幽默与魅力。"是的,数学教学要重视渗透情感教育,只有与情感教育相互交融、相互渗透,产生共鸣和共振,才能很好地激发学生的数学情感,使学生的学习动机处于最佳状态,才能最大程度地提高他们的数学学习效率,起到事半功倍的作用。当然,对于以推理性和抽象性强以及关注思维为主要特征的数学学科,情感教育不能靠硬性灌输,强加于人,只能以思载情,以情促思。只有让情感成为数学教学中的润滑剂,才能润泽数学课堂,也润泽学生的心灵。

第二章 提升学生的数学思维品质

数学作为研究现实世界中空间形式和数量关系的一门学科，它具有高度的抽象性和严密的逻辑性。数学思维品质则是评价和衡量学生数学思维优劣的重要标志。

思维品质，是指思维在不同纬度上特殊的质的规定性，是人们表现出来的各自不同的特点，如广阔性、灵活性、深刻性、独创性和批判性等。要使学生具有良好的数学思维能力，首先得开发学生的思维潜能，提升学生良好的数学思维品质，这是每一个数学教师必须思考的重要课题。

第一节 引导举一反三，培养思维的广阔性

思维的广阔性是指善于抓住问题的各个方面，又不忽视其重要细节的思维品质。它要求学生能认真分析题意，调动和选择与之相应的知识，寻找解答关键。

有人这样认为，"举一"是教师传授知识，学生吸收知识信息的过程，"反三"则是师生间互相反馈信息的过程。如果课堂上没有了学生的反馈，这样的教学必然是不完全的教学，是缺少生命活力的教学。举一反三的关键是培养学生广阔性思维品质的能力，只有注重能力培养的教学，才会更有实效。

在数学教学活动中，举一反三常被视作一种教学方法，其实它也是学生获取新知的一种重要的思维形式。授人以鱼，不如授人以渔。关于这一点，德波诺这样说："教育教人以知识，是因为没有别的东西可教，但知识并不能代替思维，如同思维不能代替知识一样，在现实生活中，知识从来就是不完全的，因为事物往往是发展的，所以我们需要思维。"

教学中，我们要引导学生主动寻找新旧知识的联系，注意数学问题的逆向转换，经历知识和技能形成的过程，而不是将现成的结果硬塞给学生，这样才能使学生做到举一反三、触类旁通。

在数学问题解决过程中,任何一个正向问题都可以转换为逆向问题,给出的条件越多,转换成逆向问题的数量则越多。在学生正向理解某种数量关系后,教师可指导学生进行问题的逆向转换,对原题实行逆向改编。

例:铁路工人铺铁路,平均每天铺 50 米,铺了 6 天,还有 320 米没有铺。这段铁路长多少米?

分析发现,此题的数量关系十分简单,即每天铺的米数×天数+没铺的米数=铁轨的长度,据此列式为 $50×6+320=620$(米)。

教学中如果仅仅满足于解答完就算,显然过于浅显,可将正向问题转换为逆向问题,帮助学生实现由顺而倒的思维转换,可把问题作为条件,把三个条件分别作为问题,这样一题就变为三道逆向题:

1. 铁路工人铺一段长 620 米的铁轨,平均每天铺 50 米,铺了 6 天,还有多少米没有铺?

2. 铁路工人铺一段长 620 米的铁轨,铺了 6 天,还有 320 米没有铺,平均每天铺多少米?

3. 铁路工人铺一段长 620 米的铁轨,平均每天铺 50 米,还有 320 米没有铺,铺了多少天?

改编的三道题的数量关系表征与原题是一样的,但在具体解答过程中,需要作逆向思考,难度则更大一些。而学生在解决数学问题时,出错最多的往往是一些逆向问题。因此,在平时教学中,教师应适时组织学生进行先顺后逆的思维训练,这对于培养学生思维的广阔性是大有裨益的。

第二节 远离形式主义,培养思维的深刻性

思维的深刻性,是指能够透过事物的表面现象认识事物的本质及事物间的本质联系,反映思维活动的抽象和逻辑推理水平。具体表现:能深刻理解概念,周密分析问题,善于抓住事物的本质和规律等。思维的深刻性其实就是指思维活动的深度。

在参加各种级别的教研活动和去不同地区不同学校听课之后,我都强烈地感觉到数学课的导入部分越来越追求形式上的花哨,为了创设一个教学情境花费了不少心思,而结果却是形式大于内容,为了设置情景而生搬硬套。如奥运会前后,几乎每一节课都从奥运会导入,可是这样的情境设置却

与课堂的主题没有丝毫关系。

那么我们该如何培养学生的思维深刻性品质呢？我认为应该在教学过程和学生的学习探索过程中呈现。

例如，在教学五年级下册《圆》这一单元复习时，常常会碰到这样的填空题：一个圆的半径扩大3倍，它的直径扩大（　　）倍，周长扩大（　　）倍，面积扩大（　　）倍。多数学生在交流汇报时通过举例给以解释，即假设一个圆的半径是2厘米，半径扩大3倍，就是6厘米。原来的直径是4厘米，现在的直径是12厘米，直径扩大3倍。原来的周长是12.56厘米，现在的周长是37.68厘米，周长扩大3倍。原来的面积是12.56平方厘米，现在的面积是113.04平方厘米，面积扩大9倍。还有的学生假设圆的半径是1厘米，这样相对半径2厘米的来说更加简便。很多教师也认同这样的思维，并依此类推到"如果一个圆的半径扩大4倍，它的直径、周长、面积怎么变化？"或者是"如果圆的直径扩大5倍，你能想到什么？"甚至是"如果圆的周长扩大 a 倍呢？"等。当学生能很快给出正确答案，问题至此似乎圆满解决了。然而，仔细分析下来，我发现，抛开具体的内容从抽象的层面上来思考这个问题，学生对数学知识间的联系并没有获得更深刻的体验。教师作为课堂的引导者，并没能给学生有效地提示和帮助，学生的思维停滞在假设法面前，思维的深刻性没能得到发展。我们应在假设的基础上，提出更抽象简洁的办法，即把具体问题上升为一般的数学问题，让学生利用积的变化规律来解决问题。如在 $d=2r$ 中，把"d"看作"积"，"r"看作"因数"，"2"则是"另一个因数"。一个因数"2"不变，另一个因数"r"扩大或缩小若干倍，积所表示的直径"d"也应扩大或缩小相同的倍数。同样在周长公式 $c=2\pi r$ 中，因数"2"和"π"不变，"r"扩大或缩小若干倍，周长 c 也扩大或缩小相同的倍数。最复杂的是在面积公式中，一个因数"π"不变，一个因数"r"扩大3倍，另一个因数"r"也扩大3倍，面积就扩大9倍。如这样，在学生思维受阻时，能引导学生对问题进行数学抽象分析，取得理想的效果。

思维的深刻性品质的差异体现了学生数学能力的差异，归根结底是教学能力的差异。教学中培养学生数学思维的深刻性，实际上就是培养学生的数学能力。教师思考问题时，要在感知事实的基础上，抓住每一个事实的实质及相互关系，不被表面现象所迷惑，深入理解问题的特征及知识点之间的联系，创造性地解决问题。教师只有具备了这种思维意识，在教学中才能登高望远，在学生思维卡壳时，才能给学生有效地帮助和支持，引导学生透过现象看到问题的本质,让学生学会全面地思考问题,寻求解决问题的最佳途径。

第三节 提倡质疑问难,培养思维的批判性

思维的批判性,是指思维活动中分析和评判的深度。一般指那种能抓住要领,善于对自己或他人观点进行反思、质疑和辨析,在严格推断基础上进行独立分析的日常思维。

学生的数学素养,只有在不断地批判和肯定的过程中才能获得提高,思维的品质也才能得到优化。然而并不是每个人都善于发现事物的不足和薄弱环节。因此在教学过程中,我们要抓住一切机会鼓励学生不迷信权威,不轻信课本。思维的批判性建立在喜欢质疑的良好习惯上,敢于怀疑、试图否定、善于分析等远比直接记忆和运用要理解深刻。

在讲《组合图形的面积计算》时,有这样一道题:长方形长 12 米,宽 6 米,在长方形里画最大的半圆形,这个半圆的面积是多少平方米?

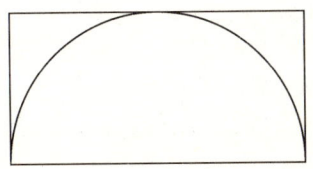

分析发现,长方形内最大半圆的直径其实就是长方形的长。由此得出,凡是遇到此类题,其实就属于直径已知,求半圆面积的问题。正当我们准备接着讲解下一题时,一位同学突然举手说他认为这样判断是不完全正确的,并举例说明,当长方形的宽比长的一半还短时,这样的结论就是错误的。我很快意识到刚才的分析确实出了问题,大大表扬他提出了一个很有价值的问题。他的发言也引起了同学们的思考。最终我们发现,只有当长方形的宽正好是长的一半或者比长的一半还长时,长方形内最大半圆的直径就是长方形的长。那么,当长方形的宽比长的一半短时,这个最大的半圆直径是多少呢?经过讨论大家最终发现,在这种情况下,最大半圆的直径应是长方形的宽的两倍。

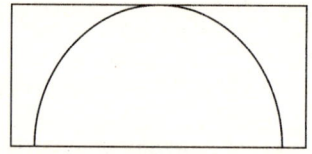

若没有思维的批判性,这个学生断不会在大家形成结论的时刻提出自己的思考,若没有这个学生提出自己的看法,我将带着学生走进怎样的思维误区?想想都很可怕。

这样的例子其实还有很多,我们中的很多学生对参考资料或标准答案往往过于盲从,对于自己的老师则更是言听计从,然而作为教师的我们切不可自我膨胀,应抓住点滴机会鼓励学生的批判精神,要充分尊重学生与众不同的疑问或想法。特别是当多数同学心满意足时,作为教师的我们还应不失时机地启发学生质疑问难,用批判的眼光重读题目和解题过程,可引导学生对数学语言中的细微差异进行分析,发现思维中的矛盾和漏洞;也可通过一些典型事例,设计"陷阱",帮助学生分析和总结发生错误的原因,克服学生的知识"盲点";还可以通过发现反例的训练,增强学生辨别是非的能力等。当然,批判性思维品质的优化并非一朝一夕就能成功的,它需教师长期且有目的地对学生进行培养和训练。

第四节　变换思维角度,培养思维的灵活性

思维的灵活性,是指思维活动的灵活程度,它建立在思维广阔性和深刻性的基础上,并为思维的独创性提供保证。它是指善于根据事物的发展变化,及时改变先前的思维过程,寻找符合实际的解决问题的新设想、新方法,或者说是解决问题的最佳方案。然而,人们在工作和生活中,较多照章办事,很少开拓创新,原因就在于缺乏灵活的思维。

要培养学生思维的灵活性,平时应训练和启发学生尽可能地打开思路,善于从多个角度、不同方向来思考问题,能用多种方法解决问题,尽量找机会运用自己所学知识,使这些知识变得"活"起来。

例如五年级学习了分数的大小比较,练习时常常会有这种类型的题目出现:比较 $\frac{3}{8}$ 和 $\frac{9}{16}$ 的大小。

学生的方法基本是先通分或化为小数,然后再比较大小,最终发现 $\frac{3}{8}<\frac{9}{16}$。这时我启发学生思考其他方法。一部分思维灵活的学生经过全面而仔细地观察,发现这两个分数的分子存在倍数关系,因此根据分数的基本性质,将这两个分数的分子都变成 9,再比较分母的大小,这样也就比出了它们的大小;还有的学生想出一种独特的方法,他们将这两个分数分别与 $\frac{1}{2}$ 比较,发现 $\frac{3}{8}$ 比 $\frac{1}{2}$ 小,$\frac{9}{16}$ 比 $\frac{1}{2}$ 大,因此得出 $\frac{3}{8}<\frac{9}{16}$;也许是前面同学思路的影响,又一种方法"横空出世",将 $\frac{3}{8}$ 乘 8 化为整数 3,$\frac{9}{16}$ 也乘 8 结果比 3 大,因此得出结论;更有甚者,提出这样的想法,将两个分数的分子和分母分别相乘,得出 $3\times16=48$,而 $8\times9=72$,所以 $\frac{3}{8}<\frac{9}{16}$ 等。

另外,数学教学中常常会碰到很多公式,有的教师要求学生死记公式或者是套用公式,然而碰到具体的实际问题,常常只会想到将公式自左往右运用,不能做到灵活运用。大家知道,教师的教常常影响到学生的学,灵活多变的教学方法对学生思维灵活性的培养有着潜移默化的作用。因此,教师在教学中,要有意识地加强训练,以此提升学生思维的灵活性。比如对于圆的周长计算公式 $C=\pi d$,我们除了要让学生熟悉通过已知直径求周长的实际问题,还要在此基础上要求学生通过已知半径求周长,接着解决已知周长求直径或已知周长求半径的实际问题。教学中常常进行这样的训练,大大培养了学生思维的灵活性,同时也促进了学生创造力的发展。

第五节　跳出常规程式,培养思维的独创性

思维的独创性,是指思维活动的创造精神,也就是人们常说的创造性思维。它是创造性人才必备的思维品质。

拥有创造性思维品质的学生,除了能够敏锐地发现问题、提出问题,对数学内容和常规方法产生独特的感受之外,还能够突破常规的程式或看法提出自己的见解。他们常常别出心裁,甚至标新立异。这样的学生能克服

思维的依赖性,摆脱习惯认知的束缚,拥有另辟蹊径的思想和动力。

教学中,我们应该创设必要情境,诱导和鼓励学生独立思考,自己发现问题,甚至提出新观点或采用新方法。如在教学"能被 3 整除的数的特征"时,通过前面的学习学生知道能被 2 整除的数的特征是看个位,能被 5 整除的也看个位,因此多数同学认为能被 3 整除的数的特征也是看个位,而且大家还不约而同地认为"个位上应是 3、6 或 9"。这时,我并不着急否定他们,而是微笑着征求大家意见:"这样吧,咱们举个例子验证一下?"有同学举例"36",很多学生表示同意。当错误的结论逐步形成时,我请几个面露疑问的学生说出了自己的想法,"26 的个位也是 6,能被 3 整除吗?""13 的个位是 3,能被 3 整除吗?"听到这里,刚才表示同意的学生陷入了沉思,很快他们就发现自己先前的判断是错误的,于是主动而独立地展开了探索。

小学生的思维是活跃的,甚至是跳跃的,他们往往不受思维定势的影响。敢于打破常规,或者说是跳出常规,这正是培养思维的独创性的必要条件。在掌握知识的过程中,我们常常会看到学生与众不同的解法,这样的想法往往超出我们的预设,这时,教师一定要及时抓住学生思维的火花,并及时放大。例如在教学"分数除以整数"时,教师出示 $\frac{1}{5} \div 3$,引导学生独立思考,有学生提出利用分数的基本性质将 $\frac{1}{5}$ 改写成和它相等的的分数 $\frac{3}{15}$,使分子能被除数整除,从而得出 $\frac{1}{5} \div 3 = \frac{3}{15} \div 3 = \frac{1}{15}$;也有学生按商不变的性质进行恒等变换,再根据分数与除法的关系得出结论,即:$\frac{1}{5} \div 3 = (\frac{1}{5} \times 5) \div (3 \times 5) = 1 \div 15 = \frac{1}{15}$ 或 $\frac{1}{5} \div 3 = (\frac{1}{5} \times \frac{1}{3}) \div (\frac{1}{3} \times 3) = \frac{1}{15} \div 1 = \frac{1}{15}$;还有的学生想到将分数化成小数,再根据相关知识进行计算:$\frac{1}{5} \div 3 = 0.2 \div 3 = 2 \div 30 = \frac{1}{15}$。这时有学生提出可以借助图形,他边说边画出了这样的图形:

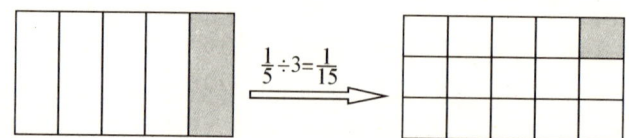

对于刚才的这种意料之外的思路教师应肯定,并用欣赏的眼光让他表

述清楚,并和其他学生一起理解。此时,又有新的思路应运而生,即把$\frac{1}{5}$平均分成3份,求每份是多少,就是求$\frac{1}{5}$的$\frac{1}{3}$是多少,即$\frac{1}{5} \div 3 = \frac{1}{5} \times \frac{1}{3} = \frac{1}{15}$。几种不同方法出现后,教师还要抓住这样的实例引导学生比较各种算法的适用范围,千万不能只要求学生按照法则计算,找到正确的结果,只有这样才能开阔学生的思路,培养学生的思维独创性。

总的来说,在数学教学中我们要特别重视对学生良好思维品质的培养。人们常说,"教是为了不教",意思是说不仅要求学生掌握知识,而且要能形成能力。或者说要使数学教学活动不仅是知识结论的教学,而且是思维活动过程的教学。数学思维品质的培养,更多的是在教学过程中。以上提到的各种数学思维品质其实是密不可分的,处于一个有机统一体中,各部分相辅相成,它们相互促进,将学生的思维习惯逐渐由"再现"导向"创造"。数学思维品质并不是那么神奇而不可捉摸,每个人都可以通过培养或多或少地拥有。需要提出来说明的是,在小学数学教学中培养学生良好的思维品质是一项长期而又艰巨的工作,教师应当积极探寻,促进小学生数学思维品质的全面发展。

第三章 数学教学中情思共融的教师支持策略

第一节 赏识信任与科学评价结合

课标指出:"学习评价的主要目的是为了全面了解学生数学学习的过程和结果,激励学生学习和改进教师教学。评价既要关注学生学习的结果,也要重视学习的过程;既要关注学生数学学习的水平,也要重视学生在数学活动中所表现出来的情感与态度,帮助学生认识自我、建立信心。"要做到这一点,需要教师对儿童的成长有足够的呵护、关怀、接纳和尊重。心理学家威廉姆斯说过:"人类最深的需求,就是渴望得到别人的欣赏和赞美。"没有赏识,就没有教育。赏识是沟通,是信任,是儿童生命成长的阳光雨露;赏识是一种认可,是对儿童的一种积极评判。课堂教学中,我们要充分信任学生,尊重学生的个性差异,允许学生从不同角度、用自己独特的方式表达自己的想法,允许学生在数学学习的过程中,产生不同的情感体验。

当然,如果将赏识信任仅简单地停留在语言赞美上,这是对赏识信任的误解。我们知道,评价承担着诱发和唤醒学生潜能的任务,我们应创设宽松氛围让学生展示其智能,从而发展学生的思维能力,有效地开发学生的潜能。真正的赏识信任必须与科学评价相结合,为每个学生提出适合其发展的有针对性的具体的建议,建立在促进学生的未来成长和发展基础上。

第二节 联系生活与抽象概括并重

课标中对情感、态度、价值观的要求明确告诉我们数学知识来源于生活,归根结底也将服务于生活。对此历年的数学教学大纲也有过较为明确的提法,如 1963 年的《小学算术教学大纲》就明确提出小学算术的教学要联系工农业生产实际。由此说明,加强数学与生活的联系并不是从今天才开始。

　　数学作为一门研究数量关系和空间形式的科学,具有高度的抽象性和严密的逻辑性。数学教学是一个由生活化逐步向数学化转化的过程,而学生的数学学习其实就是将符号化的数学知识和生活经验相结合的一种过程。数学源于生活,但却不是一直在生活中徘徊,它更是高于生活,最终用于生活的。只有将它上升到符号化的数学才能更广泛地解决生活中的问题。要达到这一点离不开抽象概括,因为抽象概括是最基本的数学方法。课标也强调指出:"从学生已有的生活经验出发,让学生亲身经历将实际问题抽象成数学模型并进行解释与应用的过程,进而使学生获得对数学理解的同时,在思维能力、情感态度与价值观等多方面得到进步和发展。"从学生生活经验出发,通过具体形象的感知,进行数学抽象,在抽象过程中学习数学知识和渗透数学思想,从而培养和发展学生的数学能力。

第三节　合作交流与独立思考共存

　　自然界普遍存在着这样一种现象:当某种植物单独生长时,会显得矮小,甚至枯萎、死亡,然而当它同其他植物共同生长时,却生机勃勃、枝繁叶茂,人类也是如此。当人们长时间一起共同生活,彼此之间就会相互影响,人们将这种现象称为"共生效应"。数学教学中的小组合作学习也就是运用了"共生效应"。通过小组讨论,小组成员互相启发、平等参与,宽松、融洽、开放的学习氛围让每个组员在与同伴的交流相处中学会自信、宽容,获得一种情感的力量。同时,这样的学习方式还能够让组员自由表达自己的理解和看法,从而达到优势互补的目的,促使小组成员的思维向更高层次发展。

　　正因为小组合作学习有着如此优点,在新课程实施最初得到广大教师的极力推崇。然而事实上,学习其实是一种内心的感受过程,在感受体验的过程中,学生需要自己独立的思考。伟大的物理学家爱因斯坦曾说:"学会独立思考和独立判断比获得知识更重要。"如若我们一味盲从合作学习而丢弃独立思考,只会导致合作学习的形式化。三五学生围坐在一起,面面相觑,或是每次都听优等生发表自己看法,其他人则低头不语,合作学习成了优等生表达的专场。

　　合作学习带给大家生动活泼的感官印象,不应仅仅存在于外在形式上,更应体现为一种内在深层的思维探索。我们在课堂教学中有效运用合作学习时，一定要给学生充分的独立思考的空间。只有让合作学习和独立思考共同发展，才能真正有效的调动学生的思维积极性，让学生积极主动地参与学习过程。我们不能因为盲从合作学习而忽略独立思考，当然，也不能重视独立思考而放弃合作交流。两者应该是相互依存、互相配合的，且不能互相替代。

课例篇

多年以后在某个地方，
我将叹息着讲述这件事：
树林里路分两条，而我——
选择了行人较少的那条，
就这样一切便发生了改变。
　　　　　　——罗伯特·弗罗斯特

第一章　情思交融　抵达幽微

第一节　你喜欢哪种口味的面包？
——《乘数末尾有 0 的乘法》教学随想

一直很喜欢吃面包，喜欢那简单的、温暖的享受，不用奢华的陪衬，无须浓重的调味，更不需要复杂的烹调程序，就是简简单单的一种食物。

期待自己能拥有这样的一间面包店，做着简单的面包，找到简单的幸福，并且把这样的感觉带给别人。原以为这是永不能实现的奢望，谁曾想，我在我的课堂上找到了这样的幸福！

今天的教学内容是《乘数末尾有 0 的乘法》。乘数末尾有 0 的乘法是在学习了两位数乘两位数的笔算、估算和两位数乘整十数的口算的基础上进行教学的。本节课是让学生理解乘数末尾有 0 的简便算法，因此我将重点主要放在计算方法的探究上，放手让学生自主探究，然后再具体讨论，从而掌握乘数末尾有 0 的简便算法。作为一堂计算课，要让学生不感到枯燥无味，仅仅单纯地让学生从不同的角度加深对法则及算理的认识是不够的，如何激发学生的兴趣是我思考的重点。

课堂上，我先出示一道简单的一位数和一位数相乘的算式"2×3"，再请孩子完成"2×30"、"20×30"、"200×3"等类型的对比题，孩子们很快将知识迁移，说出算理。接着我出示例题，口答算式：850×15，我要求学生列竖式独立计算。

学生计算过程中，我巡回指导。在巡回过程中，我发现有的孩子迁移了上节课学习的三位数乘两位数的知识，把 850 和 15 的末位对齐，按照三位数乘两位数的方法进行计算，但这不是简便算法；还有的孩子列竖式时不看 850 末尾的 0，将 85 和 15 对齐，然后计算，计算时出现两种格式：一种是虽然计算时不看 0，但过程中 0 仍然出现；另一种是过程中不出现 0，只在结果添上一个 0。我请出 3 名学生，板演这三种算法。

当孩子们自信地走下讲台，我忽然灵感闪现兴奋地说："3 种不同写法多像 3 种不同口味的面包啊！现在，面包新鲜出炉啦！孩子们，你喜欢哪种口味的面包呢？"

枯燥的竖式变成了可口的面包！孩子们笑了。从孩子的笑脸，我读懂了他们的惊奇和欢喜。

生：我喜欢第一种口味的"面包"，这种口味的"面包"是我熟悉的！

师：你知道第一种"面包"是如何"制作"的吗？

生：用前面学习的三位数乘两位数的知识，先用第二个乘数个位上的 5 和 850 相乘，得出 4 250，再用第二个乘数十位上的 1 和 850 相乘，得出 850，最后将 4 250 和 850 相加。

师：还有喜欢不同口味的吗？

生：我喜欢第三种口味的"面包"，因为它比较简单。

生：用竖式计算这样的乘法时，我们可以先把乘数末尾的 0 前面的部分先乘，再在乘得的数末尾添上缺省的 0，这样，能使计算过程简便快捷。

师：说得多好啊！连我也忍不住想品尝这样的"面包"啦！

接着，我和孩子们一起分析第三种算式的简便之处，探讨第二种算式与第三种的区别。

师：那第二种口味的"面包"有人想尝尝吗？

生：我不想尝了。你看，它是焦的！

师（故作惊讶）：焦的？哪儿焦啦？你说说看！

生：列竖式时，我们明明是把乘数末尾的 0 暂时不看，只算 $85×15$ 的，可是，在计算过程中，他还是算了 5 个 850 和 1 个 850。虽然结果对的，但过程却是错的。

师：原来是这样啊！你们同意他的说法吗？

生：同意！

师：以后，你们千万不能将"面包烤焦"啊！

孩子们会心地笑了。

接下来的练习巩固我们一直沉浸在对"面包"口味的回味之中，当有孩子不小心出错时，总有人善意地提醒他："喂，你的面包烤焦啦！"玩笑中，色、香、味俱全的"面包"呈现在了大家面前。

看来不仅仅是我想念面包的味道，喜欢面包给我的那种感觉，我的学生们也爱上了那些或香甜或原味的"面包"，甚至还能作出点评。这比品尝真的面包更让我感到幸福！

我想,我已经拥有了我的面包店。

第二节 我当了回魔术师

——《平行四边形和梯形》复习课教学随想

春晚上刘谦的魔术表演令人记忆犹新。魔术,充满着神奇,让人感觉不可思议。我喜欢魔术,因为它能带给我们太多的快乐。

今天的课堂上,我也当了回魔术师!

今天教学的是《平行四边形和梯形》复习课。如何将复习课上得生动有趣?如何将这个单元的知识点整合在短短40分钟内?带着这样的思考,我走进了今天的数学课堂。

师:开始上课了。(拿出一张长方形纸)同学们看,这是什么图形?

生:长方形!

师:你看到几个长方形?

生:1个。

师:继续看!我要变魔术啦!

(我将长方形纸对折,再对折,展开。)现在,你看到几个长方形啦?谁能说说自己的想法?

生:我认为是10个,我可以用算式表示:4+3+2+1=10(个)。

师:听明白了吗?你理解这里的4指的是哪4个?

钱陈玥的小手举得好高啊!就请她说吧!

生:我知道,这里的4指对折后产生的4个基本长方形!

师:那3指的是哪3个呢?

生:3,就是每两个基本长方形拼成的长方形,有这样的3个。

师:哦!我听懂了,你们也明白了吗?4,就不用解释了吧?

"嗯!"孩子们的笑脸告诉我他们已经明白。

稍作停顿,我说:"如果,将这个长方形的长看成12厘米。你猜,宽大约是几厘米呢?"

生:我估计是6厘米!

师:好的!其他同学呢?

生:大约是8厘米!

生:我猜想可能是9厘米!

师:到底是几厘米呢?仅仅猜测行吗?还要?

生:验证!

师:对,你有办法验证吗?

静,此刻的安静多好!"有人举手了,1个,2个,3个,还有吗?""洪施文,说说你的想法,好吗?""刚才你说原来长方形的长是12厘米,对折两次后,长就被平均分成了4份,每一小段就是3厘米。严老师,我到前面来说!"我微笑着点点头。小家伙拿起那张长方形纸,将宽的那条边沿着长折过去,重合处做了一个记号,展开。他刚想解释,下面发出一阵"哦!原来如此啊。"我不失时机地说:"看来大家已经明白了,我们把这个解释的机会留给别人,好吗?"他懂事地点点头,回座位了。

"长方形宽的长度就是从这个顶点到记号处的长度,我发现,记号正好在第三段的附近,所以我估计宽大约是9厘米。""说得多好啊!9厘米!其实啊,估计8厘米的也不错哦!估计对了的起立给大家看看!"

师:同学们,现在,我想请你们思考这样一个问题。以折痕与长方形的长相交的10个交点为顶点,画出不同的梯形,你会吗?

生:会!

师:好,将课本翻到48页,在书上画一画吧!

3分钟过去了,大部分同学画好了。展示了部分孩子的画法,同时简单复习了一下梯形的相关知识。这时,我问:"你能找到多少种不同画法呢?"

思考中,眉头开始紧锁。我打破安静,轻轻地说:"如果上底就是3厘米,下底可能是几厘米呢?""6厘米,9厘米或者12厘米。"我又问:"如果上底是这样的3厘米,(我用彩色笔描画最左边的一段)下底是6厘米,你认为是从哪里到哪里呢?"

生:最左边的一段!

师:好极了,你给大家开了个好头!有序地思考,能带给你成功!那么6厘米的一段还有几种不同可能性呢?谁来指一指!

康磊,一个腼腆可爱的小男孩。他指的是第2个交点到第4个交点的6厘米。"康磊指得多好啊!这样,我们就能很快找到所有的6厘米了,对吗?"

生:对!

师:那你们说说有几个这样的6厘米呢?

生:3个!

师:那,你们知道以最左边一段的 3 厘米为上底,以 6 厘米的一段为下底,一共有几个 3 种呢?

生:有 4 个 3 种,因为,上底为 3 厘米有这样的 4 段。

师:你看,他说得多好,不仅知道答案,还能说出理由!太棒了!

(稍作停顿)师:上底只可能是 3 厘米吗?

生:还可能是 6 厘米、9 厘米!

师:那么,这时的下底可能是几厘米,又有多少种不同可能性呢?这个问题,感兴趣的同学可以课后去思考,去探索哦!

师:看!又要变魔术啦!我这里还有两张长方形纸。(我边说边用剪刀将它们剪成了梯形,展开),师:你能把这两个梯形拼成一个平行四边形吗?

生:能!严老师,我都看到啦!(原来,学生读懂了我不经意却有心的动作)我笑着对他说:"好聪明啊!"

师:谁愿意来拼一拼!(我将纸片给了靠近的孩子,她很快拼好了,我将纸片举起来)师:她拼得对吗?你们也是这样想的吗?生:是!

师:顺便复习下平移和旋转的知识吧!你知道刚才拼的过程中,纸片是如何运动的吗?生:旋转!

师:没错!如果我的纸片是这样摆放呢?这次纸片只要通过平移就可以拼成一个平行四边形了。那拼成的平行四边形的底与梯形的上底、下底有什么关系呢?孩子们陷入了思考。激烈讨论结束后,小手林立。

生:我认为,平行四边形的底等于原来梯形的上底和下底的和。

生:我也觉得平行四边形的底是原来梯形的上底和下底的长度之和。

师:说得不错,刚才两个同学说法不同,表达的意思都是正确的。你们知道拼成的平行四边形的高与梯形的高又有怎样的关系吗?

孩子们思维的闸门已然打开,大家各抒己见,积极争论,最后达成一致。不知不觉,一节课就要结束了。

(再次拿出一张平行四边形纸片)师:你们相信吗?我能将这张平行四边形变成一张长方形纸片,而且,大小不改变。我需要你们的帮助!谁来帮帮我?

生:我给你工具,拿着,剪刀!

多好的孩子啊,他从顶点处沿着平行四边形的高剪开了。孩子们也当了回魔术师。

下课铃声响了,孩子们快乐的眼神却永远留在了我的心里。

我很享受当魔术师的过程!

第二章　情思共举　妙趣横生

第一节　构建体验课堂　感悟数学魅力

课例一 《乘法的初步认识》

教学目标：

1. 让学生经历几个相同的数相加还可以用乘法计算的学习过程。初步理解乘法的意义。初步体会乘法和加法的联系和区别。

2. 能正确地读写乘法算式，知道算式中各部分的名称，会通过用加法算出乘式的积。

3. 继续培养学生探究能力、学习数学的兴趣和合作学习的能力。

教学重点：初步理解乘法的意义，体会乘法和加法的联系。

教学难点：让学生经历几个相同的数相加可以用乘法计算的学习过程。

教具准备：计算机多媒体

学具准备：圆片

教学过程：

课前游戏：每一桌两个小朋友是一组，老师做一个手势，一桌两个小朋友一起起立，比谁反应快！

游戏一：

师：（先起立四桌）你能算出现在起立的有几个小朋友吗？你是怎么知道的？

（板书：2＋2＋2＋2＝8）

游戏二：

师：继续做这个游戏，你们继续站，老师这里就继续加2，注意站的速度要和老师手势保持一致，不能太快也不能太慢，小朋友们帮我数是几个几相加好吗？看看我们配合得怎样？

（板书：2＋2＋2＋2＋2＋2＋2＋2＋2……）

师：如果继续往下写，你觉得怎样？你猜老师有什么感受？

生：太麻烦了太长了。

师：是啊，太麻烦啦！动物学校的小动物们也遇到了这样的问题，待会儿我们一起去看看，好吗？

一、谈话导入，创设情境

师：小朋友，我们一起去动物学校，好吗？

（出示主题图）你看，今天的天气好晴朗啊！天蓝蓝的，树绿绿的，小草儿青青的，阳光柔柔的！咦，谁在校园里欢迎我们呀？

设计意图：故事导入能引起学生的兴趣，使学生有良好愉悦的学习情绪，积极热情地投入到学习中去。

二、合作学习，探索新知

（一）初步感知

1. 师：一共来了几只小兔呢？你是怎么知道的？谁愿意到前面来数一数？是2只2只数的！

师：我们一起来数一数，先来了2只，再来了2只，又来了2只。来了几个2只呀？你看，小白兔们可真团结，出来欢迎咱们都是两只两只的！

师：你会用算式表示小白兔一共来了多少只吗？（板书：2＋2＋2＝6（只））

现在，让我们把小白兔请到桌面上来，好吗？请小朋友用花片表示小兔。先来2只，再来2只，又来2只。一起数数摆了几个2？3个2相加得多少？

（板书：3个2相加得6）

2. 师：那么，你能把小鸡也请到桌面上来吗？圆片就是可爱的小鸡！小鸡是几只几只站一起的？那么，你每次拿几个？要拿几次呢？

师：数一数，桌面上摆了几个几？

师：你会用算式表示吗？（板书：3＋3＋3＋3＝12（只））

师：为什么加的都是3？几个3相加？得多少？（板书：4个3相加得12）

小结：刚才我们2只2只地数，数出了小白兔的只数，3只3只地数出了小鸡的只数。

3. 师：看，小熊也跑来玩啦！（分三次贴小熊图片）先是2只，再来了3只，又来了4只，一共几只呢？谁会列式？（板书：2＋3＋4＝9（只））

4. 师:观察黑板上这几个算式,你发现哪些算式比较特别?为什么?

生:前两个算式加数都一样,是几个相同加数连加的算式。

(二)再次感知

师:早操时间到了,让我们去参观小动物们做操吧!谁排着整齐的队伍来了?小猴是怎么排队的呢?你是怎么看出来的?

师:横着看,这一排是几只,第二排呢?会列加法算式吗?(师边讲边板书)

师:这是几个5相加呀,3个5相加得多少?

师:除了横着看,你还有不同的看法吗?竖着看小猴又是几只几只排的?加法算式怎样列?

师:这是几个3相加?观察这两道算式的得数,你发现了什么?

(三)找共同特征

师:现在让我们到电脑房去坐坐吧!(显示画面)里面有什么呀?你看到几台电脑呀?怎么列式?(板书:2+2+2+2=8(台))

师:我们列出了这么多几个数连加的算式,仔细观察,比较这样的算式,你发现了什么?同桌的小朋友可以互相交流交流。你能说出几个这样的算式吗?既然大家都想说,那就在小组内先互相说一说。

师:谁汇报一下你的算式。

(学生汇报)

师:说得不错,如果把这样的算式说得再长一些那就更好了!

师:这位小朋友说得真好!但他说得太快了一点,老师没听清楚,要是有谁能帮帮老师,把这个算式重复一遍给老师听就好了。

师:你还有什么想法呢?

师:以后像这样的算式只要说几个几相加就可以了。

师:像这样的算式大家都说得很好,不知大家会不会写?那好,我们进行一次比赛,看谁写得又对又快?(比赛要求:老师报算式,大家在音乐伴奏下写加法算式,写好就坐正,如果音乐停了,没有写好的也请坐正。)

师:4个3相加得12,2个5相加得10。(学生写加法算式)

师:20个1相加得20。

师(关掉声音):音乐停了,写好了吗?为什么?

设计意图:通过观察情境图,直观指一指,并列出相应算式。分析、比较算式的特点,从而形成对相同加数和几个相同加数的和的初步感知。这个环节的设计,充分让学生动手动口和动脑,通过动手摆花片的形式,培养了学生的动手能力。在活动中,发挥了学生的想象力,培养了学生的求异思维和创新意识。

三、认识乘法

揭示课题。

师:(出示算式)这么长的算式写得是不是很慢很烦呢?那大家能不能想个办法既要能让人看懂是20个1相加,又可以写得快一些呢?

师:学生独立思考,如果想不到,再小组讨论。

师:古代大数学家给我们解决了难题,创造了一种新的运算方法——乘法,今天这课我们就来一起认识乘法(板书:认识乘法)。

师:你在哪听说过乘法吗?那么这道算式"2+2+2+2=8"你会改写成乘法算式吗?4是从哪儿来的,2呢?

师:4个2相加得8,可写为$2\times4=8$。(通过电脑演示,介绍一种写法:$2\times4=8$)

(指乘号)师:猜猜看,这是什么符号?该怎么读呢,谁来试一试?

(通过电脑演示,介绍另一种写法:$4\times2=8$)

师:乘法算式中各部分都有自己的名称。谁来猜猜看他们都叫什么呀?

生:相乘的两个数叫做乘数,乘得的结果叫做积。

师:谁能说说两个乘法中的乘数、积分别是多少?

师:现在谁能把黑板上这个长长的连加算式变短些?

师:如果让你选择,你是喜欢用加法还是喜欢用乘法列式,为什么?你能把黑板上其他加法算式也写成乘法算式吗?小熊的算式"2+3+4=9",你们会改写吗?为什么?

师:只有表示几个几相加的算式才能写成乘法算式。你能让小熊重新排着队来,让它变成几个几相加吗?(移动使每排都是3只小熊,加法算式:3+3+3=9。可以列成乘法算式:$3\times3=9$。)

设计意图:在前面数小熊时得到的2+3+4的算式的基础上进行加工,通过移多补少使得每排小熊都变成3个,从而也可以变成几个相同加数相加的形式,改写成乘法。这道题的设计可以锻炼学生思维的灵活性。

四、分层练习,巩固新知

(一)游戏:老狼老狼几点了?

师:参观了这么长时间,我们该回家了。可是,动物学校来了一只大灰狼,小动物们让我们去救救他们,怎么办呢?

师:大灰狼想要和小朋友做游戏。什么游戏呢?听好规则。请几位小朋友上来,你们喊老狼老狼几点了,如果我说2点了,台上的小朋友就每2个抱在一起,台下的小朋友要说出乘法算式,听明白了吗?"

(请6人到台上,分别说2点、3点,学生活动,列式。再请6人,分别说4点、3点、6点。)

(二)回答小动物的问题

师:小朋友,你们用智慧帮助了小动物们。好客的小动物要和你们对话呢,你们愿意和小动物交流吗?(出示小动物的题目。)

(三)显示花朵图

小动物们还为小朋友献上了两束花

1. 一束有几朵,这一束呢?一共几个5朵?你会列出加法算式和乘法算式吗?

2. 从其中一堆中拿出一朵奖励给表现最好的学生,然后提问:"现在能用乘法来计算吗?为什么?"

再从另一堆中拿出一朵奖励回答的学生,然后提问:"现在能用乘法来计算吗?为什么?"

(四)开放题

师:最后让我们一起再来欣赏动物学校里最美丽的风景吧,不过,欣赏的同时还要请你来动手写一写,你能根据这幅图写出几道乘法算式,比比谁写的多?

设计意图:根据学生心理特点和本节课的重难点设计了几个层次的练习,进一步强化了学生对乘法意义的理解,并用游戏的形式将知识性、趣味性和发展性有机结合在一起,通过训练使全体学生得到不同程度的提高。

五、总结反馈

师:今天小朋友参观了动物学校,还认识了一个新朋友——乘法,还用学到的新知识帮助了小动物,这节课你们学得开心吗?

设计意图:通过学生的回答,充分体现了学生是学习的主体和教师对学生学习情感的关注。

课例二 《认识方向》

教学目标:

1. 在认识东、南、西、北四个方向的基础上,认识东南、东北、西南、西北四个方向,能结合具体情境根据给定的一个方向(东、南、西或北),来辨认其余的七个方向,并能用这些词语描述物体所在的位置。

2. 在辨认方向的活动中,进一步发展空间观念,建立学生的空间方向感。

3. 在观察、解决实际问题中,感受数学与日常生活的密切联系,培养运用生活经验进行思考的意识。

4. 在合作交流的过程中,增强学生的自信心,让学生获得成功的体验。

教学重点: 认识东南、东北、西南、西北四个方向。

教学难点: 在具体场景中根据不同的参照物来确定方向。

教学准备: 多媒体课件;每个学生准备一张正方形卡片;教师用的方向板、一盆花

设计意图:虽然孩子们以前没学过东南、东北、西南、西北这四个方向,但他们在日常生活中对这些方向已经有了一些了解。本节课的设计意图就是从学生熟悉的生活环境出发,将学生置于生动、现实的生活空间,不知不觉中复习了有关东南西北的知识。接着再次从熟悉的环境入手,重点讲解"东北"这个新方向,学生很快就会弄清其余三个新方向。设计时结合轻松有趣的活动,使学生在无意中加深印象,便于他们发现、理解和接受,充分调动学生的学习积极性。当学生对方向有了比较完整的认识后,再安排学生了解指南针并以此为据动手制作方向板,进一步加深各个方向在学生头脑中的印象,再与学生一起利用自己的制作成果进行现实中的方向辨认,使学生理解并体会参照物的不同,物体的位置就会发生变化,并通过语言描述给学生创造更多的自主思考机会,使学生在愉快的活动中将所获得的知识逐步内化为技能,自然而然的由书本知识走向了生活。

为了突破难点,我设计了三个活动,并把三个活动放在同一个情景中进行,既保证了整堂课的流畅、生动,又提高了学生学习的兴趣,发展了学生的空间思维。游戏一:送小动物回家,设计中当把小动物送回家后,会提示"你真聪明!"、"太能干啦!"等提示音,让学生获得一种成功的喜悦和寻找答案

的动力,进一步巩固对方向的认识。游戏二:去果园吃水果。说出桃园在水库的哪一面,在葡萄园的哪一面。再通过让同桌猜测自己最想去的果园,让学生用两种方法来表示位置关系。这里没有空洞的说教,有的只是润物无声地渗透,渗透在说位置和猜水果之中。一方面锻炼了学生的口头表达能力,另一方面掌握了位置关系的两种表达方式。游戏三:介绍自己的家乡。苏霍姆林斯基说:"当知识与积极的活动紧密联系在一起时,学习才能成为孩子们精神生活的一部分。"学习数学知识不是目的,重要的是运用这些数学知识解决生活中的实践问题,从中体会到数学在生活中的价值,体验到学习数学的乐趣,获得学习数学的兴趣和信心。本环节教师请学生说一说自己的家乡在北京的什么方向,在南通的什么方向等。在富有情趣的活动中,正确理解东南西北的位置关系,体现了"让学生学习生活化的数学"的理念,让学生深深地感受到生活与数学之间的密切联系。

教学过程:

一、创设情境,唤起旧知

师:小朋友,你知道现在是什么季节吗?

生:春季。

师:是啊,阳光明媚,鲜花盛开,正是外出春游的好季节。

师:一只小鸟儿也想到外面去欣赏美丽的景色呢!它飞过高山,飞过丛林,来到了我们生活的城市。你们看,这是哪儿啊?(课件出示:南通)

师:咱们南通人杰地灵,风景秀丽,确实是个游玩的好地方。小朋友,你想带小鸟儿到哪儿玩呢?(课件出示:狼山)

师:可是小鸟一个人游玩,多孤单啊,它想让小伙伴们一起来玩,谁来告诉它的小伙伴,狼山的东、西、南、北各有什么,好让小伙伴们能找到它?(课件出示:狼山周围的建筑或风景区)

东:静海商贸街

西:园博园

南:狼山乐园水上世界

北:五山小学

西南:马鞍山

东南:剑山

西北:滨江公园

东北:紫琅中学

(指名说出各方向)

师:你是怎么知道的?

生:根据上北下南、左西右东。

二、拓展延伸,获取新知

(一)认识东北、西南、西北、东南

1. 认识东北

(出示"紫琅中学")

师:刚才小朋友们说了狼山的东、西、南、北各有什么,那么紫琅中学在狼山的哪一面呢?

师:你是怎么知道的?

师:紫琅中学的方向在狼山的东面和北面之间,它的位置就是东北面,习惯上把"东"说在前面。(课件显示"东北"并板书)

2. 认识西南

(出示"马鞍山")

师:马鞍山在狼山的哪个方向呢?

(课件显示"西南"并板书)

3. 认识西北、东南

师:我们已经认识了两个新方向——东北和西南,那你知道剑山在狼山的哪一面吗?滨江公园呢?(课件显示剑山、滨江公园)

小组讨论后,大组交流。(课件显示"西北"与"东南",并板书。)

(二)辨认方向

1. 填指南针

师:小鸟认识了这些方向,就可以带它的同伴来玩啦。可是如果不小心迷路了,那该怎么办啊?

(在学生自由说出各种方法的基础上引出指南针——多媒体出示指南针。)

师:这就是指南针。你知道关于指南针的哪些知识呢?(学生自由表达。)

师:让我们来听一听电脑博士的介绍吧。指南针也叫司南,是我国古代的四大发明之一。指南针有什么作用,你知道吗?当人们迷路的时候,指南针可以告诉人们方向。

师:请你们观察当指南针停下后,红色、白色指针分别指向什么方向?

师:其他的方向是什么?请打开书第 45 页,填出其余七个方向。想一想,怎样填最方便?

学生以小组形式交流如何填写。

2. 做方向板

师:带上指南针,小鸟儿飞得再远也不会迷路了。不过指南针的做法非常复杂,但有一个跟它一样能指示方向,做起来却相当简单的东西,它叫方向板,你们想试试吗?

(课件出示:制作方法——正方形白纸折叠)

师:小朋友别小看这小小的方向板,它对我们辨认方向可是有帮助的。现在请你们将方向板平放在手上,找找这个教室的八个方向,我相信这一定难不倒大家。注意要把方向板上的北与生活中的北对应。

师:刚才小朋友都很认真地做了一个方向板,你们想试一下它的本领吗?以教室的八个方向上有些什么为主说一说。

师:小朋友们利用方向板还可以知道自己周围哪个方向有哪些同学。谁来说一说?你的好朋友在你的哪一面?假如把方向板贴在黑板上,应该怎么贴?

3. 联系生活,比较记忆

师:今天,老师还带来了一盆花,我把它放在教室的中间吧!你能说说花在你的什么方向吗?我想在每一个方向里派出一名代表来回答。(分别请出四个学生)

师:为什么同样是一盆花有人说在自己的东,有人说西,有人说北,还有人说南,你们的说法却都不一样呢?

生:因为我们的位置不同,所以也就看到不同的方向。

师:你们觉得他说得对吗?在不同的位置观察物体会有不同的结果。

师:每个人都在教室里确定了自己的位置,谁来给老师也确定一个位

置?(老师特意站在教室的东北方)

师:能说说理由吗?

生:因为你站的方向是东和北交叉的地方。

师:你们觉得他说的有道理吗?谢谢同学给我确定的位置,我很满意。现在,请小朋友们再往四周看看。你还能发现哪些物体和我的方向一样?把你的想法在小组内说一说。(在四周分别放上不同的物品)

生:我发现空调在教室的东南面,后门在教室的西南面,教室的西北面有钢琴……

师:说说你的理由。

师:我们都知道东对西,南对北,那么你们知道和老师相对的方向是什么方向吗?

生:东北对西南。

师:还有哪两个方向也相对?

生:东南对西北。

师:我们又认识了这么多的新方向,(板书课题:认识方向)以后在辨认方向的时候就能够更仔细更准确了。

三、加强运用,内化新知

(一)"想想做做"第1题

师:小鸟儿游玩时,经过体育场,看到它的好朋友都在那儿玩呢!我们悄悄地听,他们在说什么呢?(课件显示)

师:你知道它们的家分别在哪儿吗?

(学生小组讨论,在书上连线并交流。)

(二)"想想做做"第2题

师:小动物们玩累了,就和小鸟一起去果园吃水果了,我们也一起去吧!(出示示意图)

师:小鸟儿最喜爱吃桃子啦。你知道桃园在水库的什么方向吗?我还想知道桃园在葡萄园的哪个方向?桃园怎么一会儿在北面,一会儿又在西北面呢?

师:小朋友已经学会看平面的方向板了。也就是说参考标准变了,它所在的方向也会变。就像刚才我们在不断地走动之后,我们左前方,左后方等的方向也会变化一样。

师：你想去哪个果园呢，也能像我一样提出几个这样的问题考考大家吗？你想请谁来回答？

（三）介绍家乡

师：小朋友们真是太棒了，在果园里提出了这么多的问题。小动物们从果园回来也就准备回各自的家了。他们来自我们中国的各个地方，小朋友们看，这就是我们中华人民共和国的地图，看一看，像什么？（演示中国地图）

（找到北京）师：你知道这是哪里吗？

生：北京是我们中国的首都，一个古老而又美丽的城市。

师：我们所在的城市是南通，看看南通在北京的什么位置？这句话还可以怎样说？

师：咱们南通开发区是一个以外来人口为主的城市，小朋友们的爸爸妈妈有很多是来自全国各地。

师：猜猜他的家乡在哪里？湖南，找找湖南在哪里，谁能说说湖南在北京的什么方向？在南通的什么方向？还可以怎样说？也就是说站在不同的省份来介绍就会有不同的说法。

师：同学们能给大家介绍一下爸爸妈妈家乡的地理位置吗？请大家先在地图上找到爸爸或妈妈的家乡，然后和你的同桌说说在北京和南通的哪一面，并换种方式介绍。

四、总结评价

师：今天这节课我们学习了辨认方向的知识而且还自己制作了方向板，你们能说说通过今天的学习有哪些收获吗？你还有哪些想法？说说看！

课例三 《认识直角、钝角、锐角》

教学目标：

1. 初步认识直角、锐角和钝角，会辨认这三种角。
2. 掌握判断直角的方法。
3. 培养学生观察、比较和解决问题的能力；体会数学来源于生活，应用于生活，发现学习数学的乐趣。

教学重点：建立直角的概念，掌握判断直角的方法，会辨认三种角。
教学难点：会用已知的角去判断一个角是不是直角。
教学过程：

一、暖身运动

(一)猜猜有几张？（9张、7张、2张）

(二)角的自我介绍

师：小朋友看，老师用这两张彩条纸还能做出一个我们熟悉的图形朋友呢！你知道是谁吗？

师：小朋友们，如果你就是角，能自我介绍吗？

（学生表演。）

师：小朋友介绍得真是太好啦，今天就让我们再次走进角的世界，继续来认识角，好吗？（板书：认识角）。

二、动手实践，具体体验

(一)认识直角

师：你们的练习本上有角吗？把练习本封面上的任意一个角和你课桌上任意一个角比一比，看看你能发现什么？比的时候要顶点对顶点，一条边贴在一起，再看另一条边。

生：发现它们一样大。

师：猜想一下，练习本上的角和黑板上的角比，谁大？谁上来比一比？

生：也是一样大的。

师：这些大小一样的角就是我们今天学习的直角。黑板上有直角吗？哪个？（板书：直角）

师：是的，这些角都是直角。为了把直角与其他的角区分开来，我们可以用一种特殊的符号来表示直角。（在直角上标出直角标记）小朋友你们想一想，直角符号像什么呀？直角通常用这个符号表示。（在直角上标出直角标记）你们看，它们长得怎样？

生：方方的。

师：你们能用大拇指和食指比画一个直角吗？

（学生比划。）

师：老师这儿有一把三角尺，直角在哪？（学生来指）三角尺上最大的这个角就是直角,人们常把它作为判断直角的工具。比如这个角(指着黑板上的角)是不是直角呢?我们就可以用三角尺的直角和它比一比。如果大小相等,就说明这个角是直角,谁愿意来比一比?

生:它们大小相等,说明这个角是直角。

师:小朋友,生活中有许多的直角,你们想一想,还在哪里见到过直角?

(学生分别从桌面上、黑板面上、镜框上、三角尺上等指出直角。)

师:看来小朋友找到的直角还真不少呢!可到底是不是直角呢?这样吧,把你找到的直角介绍给旁边小朋友,让他帮你检验一下,看看你找的是不是直角。

设计意图:在比划直角、找直角、判断直角的过程中不仅让学生对直角有了进一步的认知,而且对如何利用工具来判断直角有了更清晰的认识。

(二)做直角

师:小朋友们真行,不仅找到了三角尺上的直角,而且还会用三角尺上的直角去验证,可是老师遇到一个问题。现在老师手里只有一张纸,没有其他的工具,可老师又需要一个直角,怎么办呢?(让学生充分说,自由地折)

师:小朋友,你们想不想也来做一个直角啊?那就利用你们课前准备的材料,用你们喜欢的方法,做一个直角,比比谁的办法与众不同。然后用工具互相检验一下,看看旁边小朋友做出来的是不是直角。

师:谁来介绍一下?

生:我把圆片对折两次,这是一个直角。这是直角的顶点,这是直角的两条边。

师:你的方法真不错!

生:我还有不同的方法。我沿着纸的这条边折,就折出一个直角。这是直角的顶点,这是直角的两条边。

师:你真了不起,这么不起眼的纸也能创造出直角。

生:我的方法和他们的不同。我用牛皮筋在钉子板上围出直角。这是直角的顶点,这是直角的两条边。

师:你们还有不同的方法吗?

生:我用两块三角尺拼出直角。这是直角的顶点,这是直角的两条边。

师:你的方法太有创意了!大家看除了他指的是直角,哪里也有直角?

生:这个也是直角。

师：对，你们观察地很仔细。

生：老师，我用活动角转出一个直角。这是直角的顶点，这是直角的两条边。

师：这个角是不是直角呢？我也来检验一下，（用三角尺的直角比一比）的确是直角。你们也是这样检验的吗？把检验好的直角举起来。如果把这些直角放在一起比一比，会有什么发现呢？想知道吗？把直角和同桌的放在一起比比看，相信你们一定会有发现。

师：谁有新的发现？

生：直角的大小都相等。

设计意图：学生用自己的方法学习就是创新。在创造直角的学习活动中教师给学生提供了不规则形状的纸、圆片、钉子板、两块30度或者45度的三角尺以及活动角等多种素材，让孩子们在自由探究的空间、时间里找出各种创造直角的方法。在这个过程中，学生的潜能得以最大程度的开发，个性得到张扬，创新意识也得到最优化地培养。

（三）认识锐角和钝角

师：刚才有小朋友利用活动角转出直角。（贴在黑板上）那么你们能利用活动角转一个比直角大或者比直角小的角吗？试试看。

（老师选取几个比直角小或者比直角大的角贴在黑板上）

师：这些角都比直角小，你能根据它们的样子给它们取个名字吗？

生：尖角。

生：窄角。

生：锐角。

师：同学起的名字都很有创意。有谁知道"锐"是什么意思？

生：锐是尖锐、锋利的意思。

师：是的，在很早以前，人们为了方便交流，把这些尖尖的角取名为锐角。

师：那么这些比直角大的角，你能给它们取个名字吗？

生：宽角。

生：钝角。

生：阔角。

师：这个"钝"又怎么理解呢？

生:钝是不尖、不锋利的意思。

师:对,这些角不锋利,人们把它们叫做钝角。

设计意图:当学生对直角建立起清晰、完整的表象之后,教师引导学生利用活动角转出比直角大或者比直角小的角,并让学生尝试根据角的样子给它们取名。在取名的过程中学生把各自的生活经验以及在语文学科中对字、词的认识运用到理解数学概念上。

三、丰富感知,拓展运用

(一)判断练习

1. 判断钟面上的角

师:小朋友,在生活中只要做个有心人你会随时随地发现它们。(动画:时针和分针不停转动,定格后移出6个大小不同的角)

师:瞧,钟面上,随着时针和分针不停地运转,它们之间就形成了许多大小不同的角。这些角各是什么角呢?

师:最后一个角比直角略大些,这个角是什么角呢?

生:直角。

生:钝角。

师:到底是什么角?谁有什么办法来检验?

生:我可以用三角尺的直角比一比。

生:它比直角大,它应该是钝角!

师:那么钟面上什么时候时针和分针之间形成直角呢?大家闭上眼睛想一想。

生:钟面上3时和9时的时候时针和分针之间形成直角。

师:大家同意吗?(演示3时、9时的钟面图片)

生:3点半的时候时针和分针之间也形成直角。

师:你们觉得呢?

生:3点半的时候时针在3和4的中间,这时形成的角不是直角。

师:(图片演示)那这时形成的角是什么角?

生:锐角。

生:老师,9点半的时候时针和分针之间形成直角。

师:你们同意吗?

生：不对。9点半的时候时针在9和10的中间,也不是直角。

(图片演示)

生：这是钝角。

2. 判断字母、符号上的角

师：(出示：Y、工、×)小朋友,认识这些吗?

生：这是字母Y,工人的工,最后一个是乘号。

师：他们身上有角吗？各是什么角呢？和旁边的小朋友轻声地说一说。

师：谁来介绍一下？

(学生上黑板指一指、说一说)

3. 判断平面图形中的角

师：同学们,生活中我们不仅可以在钟面上、汉字、字母中发现这些角。你看,在我们认识的图形里也能找到它们。这些图形里一共有几个角？

生：12个。

师：这里一共有几个直角,几个锐角,几个钝角呢？在练习纸上数一数、填一填。

(生练习)

师：谁来汇报一下？

生：三个图形中一共有6个直角,3个锐角,3个钝角。

师：对吗？这些角当中,哪几个是直角？哪几个是锐角？钝角是哪几个呢？请一位同学来指一指。

(生边指边交流)

设计意图：练习的设计体现了教者学科间整合的理念。让数学走进孩子们流动的、具体的生活,在练习中学生不仅能准确地辨认锐角、直角、钝角,而且也体验到数学的内在价值。

(二)角的应用

师：小朋友,通过这堂课的学习你认识了哪些朋友？如果你是它们其中一位,你会怎样介绍自己？任选一个和旁边小朋友说说。

师：谁愿意来介绍？

生：小朋友,你们知道我是谁吗？我是锐角,直角和钝角可是我的好兄弟！

师:小小年纪能说得这么精彩,你真厉害!

生:我是直角,长得不胖不瘦。你们要找我一点也不难,用你三角尺上的直角去比一比,如果不差分毫,那就是我了。

生:大家好,我是钝角,在角的家族里我有两个弟弟,锐角和直角。别看我长得胖乎乎的,我可是最能干的!

师:这个小朋友觉得钝角最能干,你们认为呢?

师:你觉得3种角谁最能干?

生:我觉得锐角最能干。

生:直角才是最能干的呢!

师:到底谁最能干呢?这样吧,让他们比一比,好吗?1号楼和地面成直角,2号楼和地面成锐角。你愿意住哪幢房子?为什么呢?(出示图片)

生:我愿意住1号楼,因为它和地面成直角,很安全。

师:那这轮比赛是谁获胜了呢?我们进入第二轮比赛。图钉的钉尖分别是锐角和钝角。你愿意用哪一个?

生:我会选第一个图钉。因为它的钉尖是锐角,非常锋利,使用起来很方便。

师:这场比赛锐角胜出了,第三场比赛开始了,这两把椅子,你会坐哪一把呢?说说你的理由。

生:我愿意坐第二把椅子,因为第一把坐上去感觉不舒服,时间一长会驼背。

师:这回钝角赢了。比赛结束了,你们说说谁的本领大呢?

生:它们各有各的本领,谁都不能缺少。

生:它们各有所长,又各有所短。

师:是啊,它们在生活中都扮演着重要的角色!正因为锐角、直角和钝角各有所长,才创造出这样美妙的世界!

师:风格迥异的别墅、雄伟的故宫、高耸入云的现代高楼、神秘的埃及金字塔等都因为角而散发着无穷的魅力。听到这儿,你们有什么想说的?

师:有了角,雨水就能顺着屋檐欢快地流下;还能让我们坐上稳稳的凳子,那么舒适,那么安全;利用角,塔吊能举起千斤的重物,可省力了;每天它还静静地陪伴小朋友学习;它能让你的相框站起来,让你看到微笑的自己。在运动场上,角还带给我们力与美的震撼;人的喜怒哀乐也能用它来表达。

师:你们看,角让我们的生活变得如此的丰富多彩!小朋友,你喜欢我们的新朋友吗?让我们再一次大声叫出他们的名字!

课例四 《圆的周长》

教学分析:

1. 教学内容分析

《圆的周长》是苏教版五年级下册第十三单元第二课时的内容。它是一节概念与计算相结合的教学内容。它以长方形、正方形的周长知识为认知基础,是上节课《圆的认识》的深化,它同时也是后继学习圆的面积、圆柱、圆锥等知识的基础,是学生学习曲线图形的开端。它起着承前启后的作用,是小学几何初步知识教学中的一项重要内容。

2. 教学对象分析

五年级学生思维活泼,求知欲、表现欲都很强,有一定的探究能力和合作意识。他们善于探索,敢于质疑,勇于创新。

前面已经学习了长方形和正方形的周长知识,知道正方形的周长是边长的4倍,通过正迁移类比猜想圆的周长与直径之间的关系以及用信息技术手段探究周长与直径的比值,更易给他们直观的体验,反馈也更及时有效。

3. 教学环境分析

在本节内容的学习中,要求学生了解圆周长的含义,能通过实验以及对实验数据的分析统计,发现圆的周长与直径的关系,并能依据这种关系,完成圆周长公式的推导过程。

目前学校已实现教育现代化,五年级学生早已熟悉多媒体课件授课形式。本课教学选择多媒体环境,以多媒体直观、具动感、易交流的优势,更好地突破教学重难点,为学生提供了一个学习交流的舞台。

教学目标:

1. 自主学习。认识圆的周长,知道圆的周长的含义;理解圆周率的意义,掌握圆周率的近似值;理解和掌握求圆的周长的计算公式,并能正确地计算圆的周长。

2. 合作探究。测量圆的周长;通过观察、推理、分析、综合、抽象、概括,推导圆周率和圆的周长计算公式,培养实际动手操作能力和空间观念。

3. 形象感知。知晓我国古代数学家刘徽、祖冲之在圆周率方面的伟大成就,感受数学的文化价值,激发以爱国主义为核心的民族自豪感。

教学重点:理解和掌握圆的周长的计算公式。

教学难点:理解圆周率的意义。

教学过程:

一、教学流程

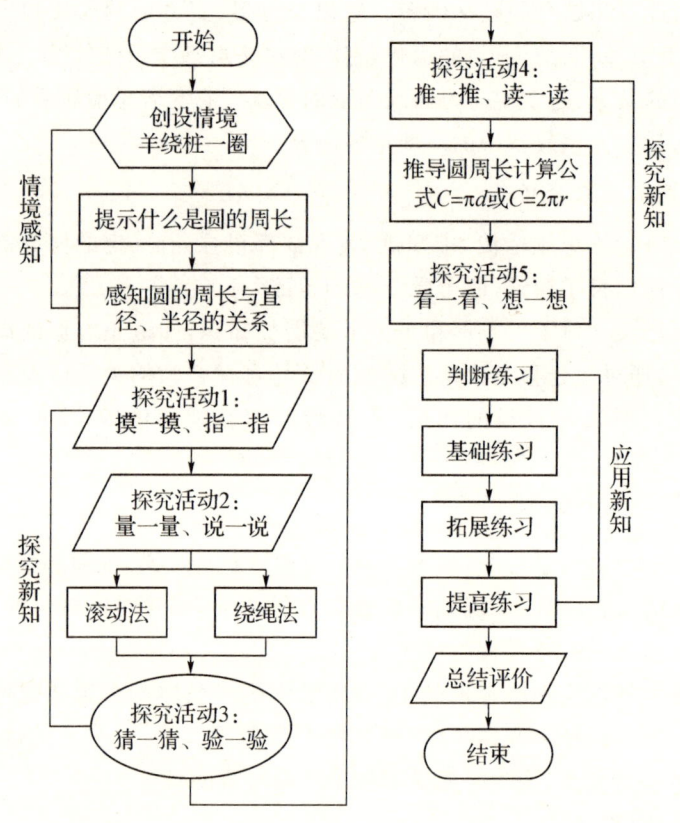

二、教学环节

(一)情境感知

1. 揭示圆的周长

师:草地上,羊在吃草,这只羊能吃到草的地方是什么图形?

(出示：羊走一圈,然后圆用另一种颜色显示出来)

生：圆形。

师：这根绳子是圆的什么？

生：半径。

师：如果这只羊沿着圆走一圈,它走过的路程就是圆的什么？(出示：羊走一圈)

生：圆的周长。

师：这节课我们一起来学习圆的周长。(板书：圆的周长)

2. 感知圆的周长与直径、半径有关

师：如果把拴羊的绳子缩短一些,这个圆就会怎样？

生：变小。

师：圆的周长就会怎样？

生：变小。

师：把绳子再缩短一些,圆的周长又会怎样？

师：这说明圆的周长与圆的什么有关？你能说说它们的关系吗？

生：半径越大,圆的周长越大；半径越小,圆的周长越小。

师：圆的周长与半径有关,圆的周长还和圆的什么有关？

生：直径。

(拿出制作的学具：T形棒)

师：转动T形棒,形成了什么图形？

生：圆形。

师：它的直径在哪里？换一根直径再转一转,看看它的周长。

师：圆的周长和直径有什么关系？

生：圆的直径越大,周长就越大。

设计意图：在这个情境中,我充分遵循儿童的认知规律,将圆的周长形象化；充分利用计算机图、文、声、像、动等多媒体特性,创设生动、有趣的动画情境来激发学生兴趣,让学生初步感知圆的周长的含义。

(二)探究新知

探究活动1：摸一摸、指一指

师：请同学们拿出一个圆形纸片和铁丝圆。用手摸一摸它们的边线。

(学生动手操作)

师：围成的圆的边线就是圆的什么？

师:它是一条什么线?

师:谁来说说你手中圆片或铁丝圆的周长是指哪一部分的长?

(学生上前演示)

设计意图:通过手的触摸,初步感知领悟圆周长是一条封闭的曲线。再借助课件动态演示圆的周长,让学生直观理解,围成圆的曲线的长度就是圆的周长。这样,手眼并用,充分调动了学生的学习积极性。

探究活动2:量一量、说一说

师:圆的周长与直径到底存在着怎样的关系呢?先动手量一量圆的周长吧!

师:圆的直径你会量吗?可以用什么工具直接量?

生:直尺。

师:圆的周长能直接用直尺量吗?

生:不能。

师:那你们能测量出手中圆形纸片的周长吗?动手试一试,看看谁想出的办法多?

(学生独立思考并动手操作,教师巡视)

展示反馈:

1. 滚动法:在尺子上滚动圆,注意在圆上做个标记,从0刻度开始正好滚动一周到标记的那一点就能测量出圆的周长了。(电脑演示)

2. 绕绳法:将线绳绕圆一周,再将线绳拉直,测量线绳的长度就是圆的周长。

师:在测量过程中,你遇到什么困难了吗?你是怎么解决的?要使测量结果尽可能精确,你有什么要提醒同学们注意的地方吗?

设计意图:利用课件演示学生通常用的绳测法和滚动法,同时引导操作要点,渗透"化曲为直"的思想。

探究活动3:猜一猜、验一验

(师绕动一条系有重物的绳子形成一个虚圆)

师:如何求它的周长呢?

设计意图:当学生沉浸在获取知识的喜悦中时,绕动一条系有重物的绳子形成一个虚圆,如何求它的周长呢?很显然用绳测法、滚动法都无法测量,用"化曲为直"思想不能解决这个问题。这时产生了矛盾,激起学生的认知冲突,调动学生强烈的求知欲望,从而使学生产生去探讨求圆周长的一般方法。

第一层次:观察猜想。

观察三个不同大小的圆的不同数据,请学生猜测圆的周长与直径之间是否也存在着固定的倍数关系及圆的周长可能是直径的几倍。

第二层次:验证猜想

1. 出示活动要求:

师:拿出学具,小组分工合作,动手测量圆形纸片的周长和直径,将结果填在表格内。

圆的周长/厘米	圆的直径/厘米

2. 师:每个小组先商量一下,你们如何分工合作,才能在短时间内完成活动呢?

(小组交流讨论、汇报分工合作的方案)

3. 小组动手操作,合作研究,教师巡视参与。

4. 信息反馈:学生以小组为单位汇报展示。

设计意图:观察数据,通过对比,发现圆的直径与周长的关系,而且直径越短,周长越短;直径越长,周长越长。通过课件演示验证学生的结论。

第三层次:揭示关系

学生继续实验,独立算出最初三个圆每个圆周长除以它的直径的商。

生:我们发现圆的周长是直径的三点几倍。

生:我们发现圆的周长是直径的三倍多一些。

师:不管直径是3厘米、4厘米还是6厘米的圆,它们的周长总是直径的三倍多一些。

师:同样是直径4厘米的圆,为什么这两个小组算得的结果不一样呢?量的周长一样吗?为什么会这样呢?

生:量的时候有偏差。

师:谁愿意到电脑上来拉动这根直条,形成任意大小的圆?电脑能帮忙量出圆的直径和相应的周长,并计算出圆的周长除以直径的商呢!一起看!

(电脑测量出任意大小圆的直径和相应的周长,并计算出圆的周长除以直径的商。)

师:通过刚才电脑的演示,你发现了什么?

师:圆的周长除以直径的商是一个固定的数,我们把这个固定的数叫做圆周率。

设计意图:由于圆形实物的规则性难以得到保证,并且找准圆形实物直径本身就是一件很困难的事,因此学生所测量的数据总是与实验要求的结果有误差,这些干扰因素直接影响到学生对"圆的周长总是直径的3倍多一些"这一事实的认可和对圆周率的理解。为了突出重点、突破难点,同时理解其他的圆的周长与它直径的关系。我借助多媒体设计了可以定义大小不同的圆,电脑测量它们的直径和圆的周长。如此可以进行多次实验以便得到圆的周长与直径的更多组数据。对于以上几组数据,利用电脑求出圆的周长与直径的比值。学生通过对这些数据的分析,发现这些比值总是差不多以后,师生共同概括得出圆的周长与它直径的关系:它们的比值是一个固定的值,这就是圆周率。

数学被许多人认为是难学、难讲的课程,主要是由数学本身的抽象性、概括性决定的。借助课件可以将数学知识化静为动,化抽象为具体,这样本课的教学难点就得以突破。

探究活动4:推一推、读一读

(出示圆)

师:现在我们要得到这个圆的周长,我们只要测量出它的什么就可以计算出来呢?

生:测量出它的直径。

师:那么已知这个圆的直径该怎样求它的周长呢?

生:用直径去乘以圆周率。

师:刚才我们说圆周率可以用字母 π 来表示,如果圆周长用 C 表示,大家已经知道直径用 d 表示,谁来说一说 π、C、d 之间有什么关系?

生:$C \div d = \pi$ 或 $C = \pi d$。

师:如果知道圆的半径为 r,你知道 π、C、r 之间有什么关系?

(板书:$C = \pi d$ $C = 2\pi r$)

探究活动5:看一看、想一想

课件演示:

1. 介绍《周髀算经》中关于圆周率的记载。

(电脑演示)如何正确地推求圆周率的数值,是世界数学史上的一个重要课题。我国古代数学家们对这个问题研究也很早。大约 2000 多年前,在我国古代的数学著作《周髀算经》中就有"周三径一"的记载,意思是说圆的周长大约是直径的 3 倍。

2. 感受割圆术。大约 1700 年前,魏晋之际的著名数学家刘徽在为《九章算术》作注时创立了新的推算圆周率的方法——割圆术。

他设圆的半径为 1,把圆周六等分,即圆的内接正六边形,求出这个内接正六边形的周长,然后把边数加倍,即内接正十二边形,正二十四边形等,逐步地逼近圆的周长,则正多边形的周长与圆的直径的商就逐渐接近圆周率,计算得出圆周率是 3.14。

"割之弥细,所失弥少,割之又割,以至于不可割,则与圆合体而无所失矣!"意思是说如果圆的内接正多边形的边数无限增加,那么正多边形的周长就无限地接近圆周长。在割圆术中,刘徽已经认识到了现代数学中的极限概念。

他所创立的割圆术,是探求圆周率数值的过程中的重大突破。后人为纪念刘徽的这一功绩,把他求得的圆周率数值称为"徽率"或"徽术"。

3. 祖冲之与圆周率

圆的周长/厘米	圆的直径/厘米	圆的周长除以直径的商 (得数保留两位小数)

大约 1500 年前,我国的数学家祖冲之,计算得出圆周率 π 的值就在 3.141 592 6 与 3.141 592 7 之间,成为世界上第一个把圆周率的值精确到 6 位小数的人。他还用 $\frac{22}{7}$ 和 $\frac{355}{113}$ 两个分数表示圆周率,$\frac{22}{7}$(约等于 3.14)称为约率,$\frac{355}{113}$(约等于 3.141 592 9)称为密率。他求得密率的时间,至少要比国外数学家得出这样精确的数值早一千年。

师:看了上面的短片,你知道了什么?

(课件播放:近代圆周率的研究结果)

圆周率的研究远没有结束,电子计算机的出现使 π 值计算有了突飞猛进的发展。至今,最新纪录是小数点后 25 769.8037 亿位。

师:圆周率就是圆的周长除以直径的商,用字母"π"来表示(板书:圆周率 π)。它的值在 3.141 592 6~3.141 592 7 之间,是一个无限不循环小数。在小学阶段,我们计算时一般取两位小数,π≈3.14。

设计意图:数学教学中如何实现情感态度价值观的教学目标,历来是个难点。如何让具体的数字生动起来,我充分利用现代多媒体技术,将教材中的数学结论赋予丰富生动的背景材料,通过介绍我国在圆周率方面的研究成果,学生经历重演、再现数学知识发现的过程,强化了刚才的学习内容,真切的感受数学的博大精深,领略到我国古代人民的智慧,激发起深厚的民族自豪感。由此,赋予了抽象的数学课堂于浓郁的文化气息,拓宽了数学课堂教学广阔的文化背景。

在这里,信息技术不仅展现了数学文化,营造了浓浓的数学文化课堂的氛围,还使学生的数学学习成为获得知识、形成方法、感悟价值、提升精神的生命历程。数学课堂成为学生用心触摸数学本质,感受数学内在文化特质的自由天空。

(三)应用新知

1. 判断练习

你赞同谁的观点?

小明说:大圆的圆周率比小圆的圆周率大。

亮亮说:大圆的圆周率和小圆的圆周率一样大。

小芳说:圆的周长是直径的 3.14 倍。

小军说:圆的周长是直径的 π 倍。

2. 基础练习

师:如果这个圆的直径是 10 厘米,该怎样求它的周长?

师:圆的半径是 2 分米,它的周长是多少?你会吗?

生:$2 \times 2 \times 3.14 = 12.56$(分米)。

师:已知圆的半径求周长,你能用字母公式来表示吗?

生:$C = 2\pi r$

3. 拓展练习

师再次舞动一条系有重物的绳子形成一个虚圆,提问学生形成的圆的

周长。(绳子长大约 30 厘米,相当于圆的半径,重物长忽略不计,以手为圆心)

师:在美丽的南郊公园里,有一棵很粗的树,你们有什么办法可以测量到这棵大树截面的直径?

设计意图:通过前面的学习,学生对圆的周长和圆周率有了比较全面的认识,计算圆的周长也有理论上的依据,这时,教师引导他们将所学的东西用心消化,吸收到自己的知识系统中,吸收到学习者的整体智力结构中,使这些知识能在更广泛的情境中得到应用的扩展。情境化的练习设计,不仅再次激发了学生的探究的兴趣,掀起课堂学习的高潮,同时进一步帮助学生巩固当堂所学的基础知识,形成技巧,强化重难点。

三、总结评价

师:这节课,你学到了什么?

师:你是怎么学到的?

师:以你的经验,生活中还有哪些类似圆的周长的实际问题?

设计意图:课标指出,数学的学习不仅是数学知识的学习,更重要的是数学思想和方法的学习。此环节的设计不仅和学生回顾了数学知识,又重新体味了解决问题的数学思想。

第二节　在操作中学习　于快乐中求知

课例一　《猜数游戏》

教学目标:

1. 在游戏活动中,帮助学生掌握有关"10"的加减法。

2. 在游戏活动中,鼓励学生积极参与、积极交流、积极思考,并培养学生有序思维的能力。

3. 在游戏活动中,使学生不断积累经验,发展他们的数感。

教学重点:掌握有关"10"的加减法。

教学难点:培养学生有序思维的能力。

教学准备:10 张卡通娃娃贴图、幸运星若干、信封若干、花生若干、糖块若干、蚕豆若干、硬币若干。

教学过程

活动一：师生进行猜数游戏

（一）猜数"6"或"4"

师：小朋友们看，严老师给大家带来了什么？今天我们就用这些卡通娃娃来玩一个猜数游戏，好吗？（教师出示一张贴图，让学生看看它的大小）猜一猜老师的两只手里一共有几张这样的卡通娃娃贴图？

学生猜数，并说出简单的理由。

教师提问：

老师的手里到底有几张卡通娃娃啊？想不想知道？看看老师的左手里有几张？（教师把左手的6张卡通娃娃贴在黑板上）右手呢？（教师把右手的4张卡通娃娃贴在黑板上）有谁猜对了？你怎么知道一共有10张卡通娃娃的呀？

生：左手有6张卡通娃娃，右手有4张卡通娃娃，合起来一共有10张。

你能用一个算式表示吗？

（板书：6+4=10　　4+6=10）

师：还想不想再玩一次？我们还用这10张卡通娃娃，（教师把这10张卡通娃娃摘下，重新握在手里）老师的两只手里都有，如果告诉你一只手里有几张，你能猜出另一只手里有几张吗？（教师按照学生的意愿出示一只手中卡通娃娃的数量6或4）谁能猜出我的另一只手中有几张吗？

教师提问：

你猜对了吗？你怎么那么肯定你猜对了？

生：一共有10张卡通娃娃，老师左手有6张，右手一定有4张。

你能把你的想法用数学算式表示出来吗？

（板书：10-6=4　　10-4=6）

师：你们猜得有理有据，所以都猜对了，快为你们的胜利鼓掌吧！

（二）猜数"5"

师：小朋友们看，老师这儿还有10颗幸运星（出示幸运星），换个玩法好不好？（教师用手捂住5颗）猜猜老师用手捂住了几颗？

你能用数学算式表示吗？

（板书：10-5=5）

你能再看看黑板上的幸运星列出其他有联系的数学算式吗？

（板书：5+5=10）

（三）猜数"3"和"7"、"2"和"8"

师：还是这10颗幸运星，谁愿意当小老师带大家玩一玩。（教师悄悄地引导请上来的学生捂住3颗）猜一猜他捂上了几颗？

师：再换一种玩法，老师这里有一只信封（出示信封里的物品——糖块），谁来抓糖块？（指名抓2块）

师：他抓了几块？信封里还有几块呢？一起来数一数！你能根据刚才的过程列出有联系的数学算式吗？

反思：猜数，需要学生有相当的思维能力，这对一年级的学生来说，是个不容易的任务，因此这儿采用"小步子"的原则，让学生在模仿—尝试—交流—再尝试中慢慢地感悟其中的猜数策略，并在游戏中运用它。

活动二：生生进行猜数游戏

（一）教师提问

师：小朋友们，你们也想玩猜数游戏吗？那我们以4人为一小组来一次猜数大赛，好不好？

请小组长拿出信封（信封内装花生或蚕豆10粒），大家一起看看里面有些什么，再数一数有多少，看哪一个小组合作得最好，数得最快！

（二）教师说明游戏规则

小组内一个小朋友捂，其他同学猜，并说出算式。或者一个小朋友从信封里任意抓，其余同学一起数数信封里还有几粒，再说出算式。如果猜和算式都说对了，组长就可以在他（她）名字后面画一颗星星。比赛结束时，谁得到的星星多，谁就获得了胜利。

（三）小组活动

（四）观察各小组的游戏过程及结果

（五）小结

师：我们一起玩了猜数游戏，玩得高兴吗？我们今天又结识了许多算式朋友！这些朋友可以帮助我们做许多事，信不信？

活动三：口算抢答

10－3=　8+2=　10－1=　3+7=　10－10=　5+5=

6+4=　　1+9=　　10-4=　　10-5=　　2+8=　　10-8=

活动四：小猴偷桃

(一) 出示图片：小猴偷桃

师：有一天夜里，一只小猴实在太饿了，他跑到果园里偷桃子吃，你们看，他来了，可能会有什么情况发生呢？

(二) 学生自编故事

师：你们能把自己编的故事讲给大家听吗？

(三) 根据学生编的数学故事列出数学算式

1+9=10	6+4=10	10-1=9	10-6=4
3+7=10	4+6=10	10-3=7	10-4=6
5+5=10	7+3=10	10-2=8	10-5=5
0+10=10	10+0=10	10-0=10	10-10=0

(四) 小结

看到你们这么聪明能干，小猴自己却不劳动，偷东西吃，他心里非常难过，他表示以后一定改正，自食其力。

反思：每个学生都有其可以深挖的潜能，特别是对于学习上的优等生，其潜能更是无穷的。在基础教育阶段，我们应该让每一个学生都有所发展，设计这一环节，旨在让学有余力的学生接受更高的挑战，获得最大程度的发展。

教学反思：

数学游戏——这是新编教材中的"新生者"，这种学习方式深受学生们的喜爱。在活动中，学生们的情绪之高涨，兴趣之浓厚是极少见的，学生之间的互动，也达到了非常和谐的程度，以至于下课铃声响起，学生们还"不肯罢休"！当天晚上，我接到了许多家长的电话，告诉我孩子们把这游戏延伸到了课外，强烈地要求家长和他们进行比赛！我充分体会到了将学生活动寓于师生对话、生生对话中，心甘情愿地从传授主角退而成为学习活动的支持者、促进者和帮助者，从教学中的"主角"转向"平等中的首席"带来的新气象。

在现代社会，需要的不仅是竞争，合作也是十分必要的。一个人如果不会合作，那么，他还没走上竞争的台阶就已经倒下了。在合作中，学生们的合作不是那么地平等、和谐。所以,如何教会学生在合作中学会宽容、谈判、让步、妥协等,最终获得双赢,应该是我们教师在教育教学中必须思考的问题。

课例二 《简单的统计》

教学目标:

1. 借助有趣、真实的情境激发学生参与统计活动的兴趣。
2. 培养与同伴交流的合作意识。
3. 在统计过程中发展数学思考并提高解决问题的能力。
4. 让学生经历简单的统计过程,初步学习收集、整理、分析数据的方法。会在简单的统计表里反映出整理数据的结果,能利用统计表里的数据提出问题和解决问题。

教学重难点: 让学生自己选择记录方法,并在合作交流中体会哪种记录方法既清楚又方便。

教学准备: 多媒体课件。

教学过程:

一、创设情境,激趣导入

师:今天,老师要带小朋友去动物王国玩一玩,高兴吗?一起去看看吧!

(多媒体显示画面及录音:动物王国新千年跳跃大赛现在开始!进入最后总决赛的是几百名选手中的佼佼者。他们是唐老鸭、小老鼠米奇、黑猫Tom、大狗。)

师:猜一猜,谁会成为本次大赛的冠军?就让我们小朋友来当裁判,数一数它们各跳了多少下,好吗?

(多媒体显示画面及录音:太棒了,欢迎同学们做裁判!)

师:裁判员们,看清楚它们各跳了多少下了吗?

(学生汇报)

师:现在知道谁是本次大赛的冠军了吧?祝贺他!

师:为了找到本次大赛的冠军,我们全班小朋友都分了工,每个小裁判都认真数了数,像这样的先分一分,理一理,再数一数的方法是我们前面学习过的知识,叫什么?

生:统计。

师:今天这节课我们就来继续学习统计。(出示课题:统计)

师：谁的表现最出色，老师就送他一颗智慧星。哪个小组合作最愉快，就可以得到一颗合作星！今天呀，我们要比一比、看一看哪个小组得到的星星最多。

二、动手实践，自主探索

（一）创设情境

师：老师在每个小组的桌子上都放了一张信封，想知道里面藏着什么吗？

师：老师来摸一个看看。

师：我摸到了什么了？

师：你也来摸一个！大声告诉大家！

师：信封里有很多这样的图形，它们是圆形和三角形，还有我们没有摸到的正方形。用什么办法能知道正方形、三角形、圆形各有多少个呢？

生：可以先分一分，再数一数。

师：有没有其他方法能统计出它们的个数呢？让我们一起来做一个小游戏。

师：这个游戏需要小组长和各位组员共同合作完成。请小朋友们听好游戏要求：小组组长的任务是从信封里拿出一个图形，说出它的名称，其他小朋友要想办法把它记录在纸上，组长拿一个，你们记一个，一直到信封里的图形全部拿完为止。我们要比一比、看一看谁记录的方法既清楚又方便。

师：老师也想参加你们的游戏，可以吗？

（二）分组活动，收集、整理数据

1. 小组活动

组长报名称，其余小朋友用自己想到的方法记录。

2. 小组汇报

师：哪一个小组愿意汇报一下，你是怎样记录的？

生：我是这样记录的：△△○□△□□△○□△○□△△

师：你是一个一个按顺序记的，你能第一个站起来汇报真是个勇敢的孩子！老师送你一颗智慧星！

生：我是这样记录的：□□□□○○○○△△△△△△

师：这位小朋友是分类记的，你的想法很好，也奖你一颗智慧星！

师:你能看出刚才两个小朋友的方法有什么不同吗?

师:还有不一样的记录方法吗?

生3:我是这样记录的:□ — — — — —

○ — — — —

△ — — — — — — —

师:这里的"—"表示什么意思,你能说给大家听听吗?

师:你真爱动脑筋,老师可喜欢你了,一颗智慧星送给你!

师:刚才老师也参加了你们的游戏,老师是这样记录的:

□ √√√√√

○ √√√√

△ √√√√√√

可以吗?

3. 比较记录方法

师:刚才我们用了很多种方法记录,你最喜欢哪种方法,为什么?说给小组成员听听。

(小组讨论)

师:如果再让你记录一次,你会用哪一种方法?

4. 填写统计表

下面我们把记录的结果整理在一个表格里,先来认识一下表格。(出示表格)

图形	正方形	三角形	圆	总计
个数				

师:通过记录你发现正方形有几个?

生:正方形有5个。

师:我们把"5"填在表格里。(师填写)

师:现在你能学着老师的样子把表格填完整吗?请把书翻到第95页,完成表格。

(学生填表)

师:表格中的"总计"是什么意思?你是怎样算的?

师:从表格中你知道了什么?除了知道三种图形各有多少,你还知道些

什么?(让学生充分说)

三、拓展延伸,巩固深化

(一)统计文具

师:小朋友知道的可真多,可是文具店的大象经理却碰到了一个难题。(多媒体显示画面及录音:我是文具店的经理大象,今天下午就要去进一些铅笔、橡皮和直尺,可是,却不知道哪种文具该多进点?亲爱的小朋友,你能帮我了解一下我们班的小朋友哪种文具用得多些,哪种文具用得少些吗?)

师:(打开一小朋友的文具盒)我们来看看这个小朋友的文具,你文具盒里什么最多呀?(再打开另一小朋友的文具盒)你的呢?

师:这样一个一个问过去太麻烦了,怎么办呢?快想想办法,用今天学的知识帮帮他,好吗?

师:下面我们就用先记录再整理的方法小组合作统计一下你们小组中的文具。用你喜欢的方法把每个小朋友的文具记录在书第95页的表格里,再把全组的文具数量整理在下面的表格中。

(学生统计、记录。各组汇报。)

师:一起看统计结果,你发现了什么?

生:我发现铅笔的支数最多,直尺的个数最少。

师:那么,你想对大象经理说些什么?

(二)统计一(1)班参加兴趣组的人数

师:看到小朋友这么聪明,老师也想起一件事情。前几天一(1)班的小朋友报名参加兴趣组,校长让我统计一下每个兴趣组各报了多少人,我一直没来得及做这件事情。小朋友,你愿意和我一起统计吗?

师:老师已经把小朋友的报名情况拍成了录像,请你拿出这张材料纸,一边听一边用你喜欢的方法记录下来。

(多媒体显示画面及录音:我报舞蹈组,我报航模组,我报古筝组……)

(学生记录、整理、汇报。)

师:看着整理好的这张表格,你想给校长什么建议?

兴趣组	舞蹈组	航模组	古筝组	总计
人数				

四、关注心灵,总结评价

师:这节课你学得快乐吗?

师:小朋友的表现很棒,每个人都开动了自己的小脑筋,用统计的知识解决了许多的数学问题。所以呀,老师要送给你们一颗最大的合作星,它是由各种颜色的星星组成的,你知道每种颜色的星星各有几颗吗?下课后,和你的好朋友一起统计一下,好吗?

教学反思:

一年级新课程标准实验教材中的《统计》对于涉世未深的小朋友来说是陌生而又新奇的,对于我则是富有挑战性的,这将是一次极好的尝试机遇。教学中,我努力实践着我的教学理想。

一、要让学生感到数学的有趣

兴趣是最好的老师。只有当我们对某一件事真正有了兴趣,才会用心去做,才能体会到个中乐趣。学习应成为孩子的一个兴趣!乌申斯基说:"没有丝毫兴趣的强制学习,将会扼杀学生探求真理的欲望。"本节课一开始,我便借助色彩鲜明的动画故事创设情境,再加上为喜爱的小动物当裁判,孩子的心一下子就被深深吸引了,这为后面学习新知识打下了良好的基础。

二、构建现实、有趣的问题情境

数学活动要从学生已有的经验出发,为学生设置问题,这样才能让学生产生解决问题的迫切愿望。将学生置于一种主动参与的位置,让他们"跳一跳,摘桃子",体验成功带来的愉悦。教学中,我设计"帮助大象经理进文具"这一情境,把抽象的统计知识生活化、情景化,让学生参与到一个具体的学习情景中去,学生感到活动的丰富多彩、生动亲切,所以活动起来感到轻松、有趣。活动过程中,学生也遇到很多问题,比如:"到底哪种文具该多进点?""我们小组统计结果有什么特点?""怎样根据统计结果对大象经理提出建议?"等。把这些问题融入到一个真实的情景中,学生通过自己的探索和思考去分析、去解决,他们自然体会到了学习的快乐。

三、教师是学生的合作者

现代教育呼唤着一种平等的师生关系,学生不仅是教师教育的对象,学生更是教师服务的对象。因此,我们要努力成为孩子的朋友,尊重他们的人格,了解他们的需求,努力成为孩子学习的合作者。教学汇总时,我注重和孩子们一起小组讨论交流,让他们无拘无束地发表自己的见解。所以,当我说:"老师也想参加你们的游戏,好吗?"孩子们热情的回答告诉我,他们愿意。

四、关注数学与生活的联系

学习生活中的数学是新课标精神的体现。小学生喜欢的数学就是生活中的数学,是孩子们自己的数学。教学中,我安排了大量的动手操作活动,让学生在小组合作中获取知识,组织孩子进行自主探索学习,自己动脑选择合适的记录方法,然后用自己的语言汇报。少了老师的权威性的管束,孩子学得轻松而又愉快。在巩固环节的统计文具、统计兴趣组人数后,我安排孩子们和大象经理对话,向校长提建议,让他们体会到数学与生活的联系,领悟到数学是有用的。

五、唤醒学生的人文关怀

德国第斯多惠在《德国教师教育指南》中指出:"教学的艺术不在于传授的本领,而在于激励、唤醒、鼓舞。"孩子们并不缺乏人文精神,关键是我们教师是否能从传统教育误区中走出来,在课堂上去唤醒他们的人文意识,去培养和建构学生的人文精神,去实现学生对他人的人文关怀。基于此,我在学生发现多种多样记录方法时,尊重学生的个体差异,给予每个孩子最热情的赞誉,而不是过多评价谁的方法更好。再如,在学生统计完兴趣小组人数后,我提出:"你想给校长提什么建议?"有孩子说:"既然报航模组的人最多,那么,校长可以多开设几个这样的兴趣组吗?"我的心顿时充满了感动。因为,我的学生已经学会了关爱!

所以,我们的课堂一定需要传输知识,一定需要统一的模式,一定需要满意的成绩吗?不需要。我们需要的是现代教育的人文理念,是孩子终身享用的人文关怀!

课例三 《确定位置》

教学目标:

1. 使学生能够在具体情境中确定物体的位置。会用"第几组第几个"、"第几排第几个"、"第几层第几号"、"第几层第几本"等不同的词语描述位置或根据物体的位置来确定物体。

2. 通过活动使学生懂得观察物体要有序,表达要有条理。

3. 感受数学与生活的联系,发现数学就在身边,培养学生的数学应用意识。

教学重点：会用不同的词语描述物体的位置,或根据物体的位置来确定物体。

教学过程：

一、游戏激趣,引入新课

(一)师：严老师很想认识二(7)班的小朋友,但却不知道你们的名字,你们愿意自我介绍一下吗？

师：请第×组第×个小朋友！很高兴认识你,你很勇敢！(指举手的小朋友)

师：你坐在什么位置？

师：再请一个,第×组第×个！

师：老师没有叫他的名字,他为什么站起来了？

(二)师：看来,只要把小朋友所坐的位置说出来就可以了。那么,怎样确定小朋友在教室里的位置呢？今天,我们就一起来研究。(出示课题：确定位置)

(三)师：谁来说说,你在教室里的位置？

师：小朋友们已经会用"第几组第几个"这样的词语来描述自己的位置了,你还会用这样的词语来描述班长的位置吗？

(四)师：除了用"第几组第几个"来确定班长的位置,还可以怎么说？

师：从前往后数,这是第一排,往后依次是……从左往右数,这是第一个,往右依次是……

师：现在你能用"第几排第几个"的方法说说自己在教室中的位置吗？

师：××坐在第×排第×个,还可以说在第×排第×个的是××。谁会用老师的这种方法来说？

二、在情境中体验,在尝试中练习

师：小朋友真聪明,很快就学会了用"第几排第几个"的方法来确定位置了。下面老师带你们到动物王国去玩一玩,高兴吗？

师：小朋友看,动物们和你们一样,每天早晨也要做早操呢！咦,小猴子在哪里呀？

生：从后往前数,第5排第1个。

师：在确定位置时,"第几排"一般从前往后数,"第几个"则是从左往右数。你看小猴子在第几排第几个？

(小猴子闪烁,声音:我在第1排第1个。)

师:小熊在哪里呢?

(小熊闪烁,声音:我在第2排第2个。)

师:你是怎样确定小熊的位置的?

(小兔子闪烁,声音:小朋友,你知道我在第几排第几个吗?)

师:小兔子在第几排第几个?

师:严老师非常喜欢其中的一只小动物,它在第3排第4个,是谁呀?

师:你最喜欢的小动物在哪里?说出来让大家猜猜?

师:我知道小朋友都想说说自己喜欢的小动物,这样,4人小组互相说说。

师:刚才我们用了一个什么样的词语来描述小动物的位置?

(出示:第几排第几个)

三、多层练习,学会应用

(一)楼层中的位置

师:小动物们做完了早操,回到动物之家休息了。(出示动物楼)你看,他们的动物之家真漂亮啊!

师:一起来数数,有几层?每一层有几间房?

师:你知道小猴子在第几层第几号呀?你是怎么知道的?

师:今天,动物之家里可热闹了,它们家来了一群新朋友。(屏幕显示:小熊、小老鼠朝动物楼走来。声音:大家好!)

师:狮子楼长把小熊安排在第3层第1号,小朋友,你能送小熊回家吗?

(学生拖动鼠标到第3层第1号)

师:小老鼠想住在第4层第1号,谁来告诉它应该怎么走?

(学生拖动鼠标到第4层第1号)

师:动物楼里还住着很多其他的小动物,你想认识它们吗?打开课本第85页看第1题,同桌合作一起完成,一人说出第几层第几号,另一人猜猜他说的是谁?然后交换着说。

师:哪一桌愿意上来表演?

(二)书柜中的位置

师:休息了10分钟,小动物们该读书了。你看,这就是它们的书柜。

(屏幕显示:书柜)

师:《新华词典》放在第几层第几本?这第几层是从哪里数起的?第几

本呢?

师:你知道《成语词典》在第几层第几本吗?

师:小猴子很想读读第 2 层第 6 本的那本书,谁来帮他找一找?(学生点击第 2 层第 6 本的书,屏幕显示:《十万个为什么》声音:对,就是这本,它能让我增长知识,谢谢你,小朋友!)

师:真是只爱学习的小猴子!

师:小朋友,在这个书柜上找一找,你最喜欢的书在哪里?说给大家听听!

师:刚才我们用了一个什么样的词语来描述书的位置呢?(出示:第几层第几本)

四、回到生活:寻找电影院中的位置

师:告别了小动物们,让我们一起到电影院去看看。(屏幕显示:电影院座位图)

师:小朋友,你们都看过电影吗?电影院里的座位是怎样排列的?有什么规律?仔细观察。

师:从前往后依次是第 1 排,第 2 排……一直到最后。而第几座就比较特殊了,把所有的双号排在一起,从中间往后依次是 2、4、6、8……,再到单号门看看,所有的单号也排在一起,从中间往后依次是 1、3、5、7……

师:星期天,小明和小红去看电影。他们拿着电影票来了!(屏幕显示:小明和小红分别拿着:5 排 8 座、10 排 15 座)

师:谁来读读小明的座位号?小红在第几排第几座?怎样帮助他们很快找到座位呢?四人小组商量一下。

(学生讨论)

师:谁来告诉大家,你帮谁找到座位了,怎么找的?

师:刚才我们用了什么词语来描述电影院的座位?(出示:第几排第几座)

师:在小朋友的帮助下,小明和小红很快找到了自己在电影院中的位置,他们高高兴兴地看起了电影。

五、拓展延伸

师:让我们来轻松一下,(屏幕显示:背景图,柔和的音乐)一起做个小游戏,想不想玩?

师：老师给每个小组都准备了这样一张方格纸，从下往上数，这是第1排，第2排……，从左往右数，这是第1个，第2个……，在信封里还有10张彩色的文字卡片。

师：活动之前，请听清楚活动要求。第一，这个游戏要小组合作完成；第二，小组组长从信封里任意拿出一张卡片，其他小朋友每人从信封里任意拿出三张卡片，请你按照卡片背面的要求摆放到方格纸规定的位置上。看哪个小组合作得又快又好！开始！

师：摆完了之后，请小组长带领组员检查，然后在小组里说一说，你在第几排第几个摆上了什么？最后，请你把摆完之后的文字连起来读一读，你将发现一个有趣的问题，请回答这个问题，画在离你最近的括号里。

（展示活动成果，表扬合作得好的小组。）

师：谁来把你看到的文字连起来读一读？

六、总结中延伸，实践中深化

师：小朋友，你喜欢上数学课吗？为什么？今天你学到了什么知识？怎样确定位置？你学会了用几种不同的语言来描述位置？你还想知道些什么？

师：上课之前，严老师留给大家一个小小的谜语，还记得吗？拿出你的谜面（座位卡），这是老师给你的新的座位号，写在前面的数字是你的排号，写在后面的是第几个。老师想请你根据座位号找到自己的新座位，有信心吗？

师：你的新座位是第几排第几个？

（学生找座位）

师：现在，请小朋友看着卡片上的座位号，观察一下你的新座位大概在什么地方？找到了吗？

师：那就请你轻轻地走到自己的位置上坐下来。

师：都坐好了吗？拿出你的座位卡检查一下，你坐对了没有？

师：谁知道××在第几排第几个？坐在第×排第×个的是谁？找到你最好的朋友，看看他坐在哪里？

师：看来你今天学得非常不错！看一看你的旁边，你又有新的学习伙伴了，喜不喜欢？希望小朋友换了新的学习伙伴，能更加团结合作！

七、运用所学知识组织下课

师：最后，我们还有一个小小的游戏。请排号是单数的小朋友起立，请排号是双数的小朋友也起立。

师：举起你们的右手,边走边向听课老师挥挥手和老师们说再见。

教学反思

上完这节课,感想很多。总体上讲,我的这节课已经基本达到了预期效果,完成了教学的任务。整节课都以活动为主线,让学生自己探究,合作学习,孩子们很快乐。他们在活动中有了发现,在讨论中明白了道理,在合作中享受了成功。

课堂上我努力体现新课程所倡导的理念,尽力重视教师与学生之间、学生与学生之间的相互作用。整节课设计自然,衔接连贯,多处渗透德育,教学内容的处理上能有条理的讲解用不同的语言描述物体的位置和根据物体的位置来确定物体。其中最大的特点是结合学生的生活经验和已有知识设计了开放性、趣味性较强的活动,并充分运用现代信息技术创设活动情境,让学生在活动中通过合作与交流学习数学知识,理解体会到数学就在身边,感受到数学的趣味和作用,培养实践能力。如"送小动物回家""在电影院中找座位"等活动,学生主动融入到问题情境之中,通过积极地自主探索、合作交流来学习数学知识。在这些活动中学生获得了成功的体验,树立了学好数学的自信心。

确定位置的知识来源于生活,进入新课之后,几乎每一个学生都能正确描述自己的位置,但对于"你是怎么找到的"并不能很清楚地表达出来,基于这种考虑,我在这一过程中安排的时间比较多,以至于原先设计好的最后一个环节"揭示谜面"没能比较透彻地讲解。虽然教学的目标已经实现,学生已经能很完整清晰地说出各种物体的位置,并能根据物体的位置来确定物体,但比较遗憾的是我没有进一步发展延伸。这将提示我,在今后的教育教学过程中,要不断磨练自己,加强学习,把握课堂。

课例四 《认位置》

教学目标：

1. 创设情境,让学生乐意学数学,培养浓厚的学习兴趣。

2. 在具体场景里体会"上下"、"前后"的位置关系,能比较准确地说出物体上下、前后的方位。

3. 能按"上下"、"前后"的方位要求,解决日常生活里的简单问题,初步学会用"上下"、"前后"等词描述物体所在的位置,形成初步的位置观念。

4. 在分组学习中培养小组合作学习的意识。

教学重难点：能用"上下"、"前后"等词正确描述人和物体所在的位置。

教学准备：录音机、CAI课件

教学过程：

一、课前游戏

师：小朋友，你们喜欢玩游戏吗？咱们一起来玩"听口令做动作"的游戏吧！比一比，谁做的动作最准确，我们就给他"聪明奖"！

（教师喊口令，学生做动作。）

师：小脚向下蹲一蹲，小脚向上跳一跳，小脚向前走一步，小脚向后退一步。

师：刚才动作准确的小朋友可真不少，上课时老师会发奖品给你们！

二、情境引入

师：小朋友，你们想得到老师的奖品吗？它在你们的前面，讲台的上面，粉笔盒的下面。谁愿意来找？

师：小朋友真聪明，一下子就找到了，这个"聪明奖"确实应该送给你！

师：小朋友看，小朋友站在老师的前面，那么老师就站在他的后面。

师：今天，我们就一起来认识"上下前后"，它们都是表示物体位置的词语。

师：一起来做几个动作。小手小手向上指，小手小手向下指，小手小手向前指，小手小手向后指。

三、探索交流，获取新知

（一）感知"上下"

（师将录音机放在讲台上）

师：录音机在讲台的什么位置？

师：录音机在讲台的上面，这句话还可以怎么说？

师：录音机和讲台的位置关系，可以说成录音机在讲台的上面，还可以说成讲台在录音机的下面。我们就说录音机和讲台是上下位置关系。

（二）感知物体的"前后"位置

（多媒体显示：小熊和小白兔一前一后走来）

师：老师听说，今天动物学校开学了，你看，小熊和小白兔正排着队上学去呢!

师:你能用"前后"说说它俩的位置关系吗?谁会完整地说一说?

(三)讨论交流

师:不知不觉,小熊和小白兔到学校了,它们来到了自己的教室。

(多媒体显示:教室图)

师:教室里有些什么?你们能找出图中哪些物体有上下和前后的位置关系吗?小组讨论后交流。

师:你会用不同的说法来表示地球仪的位置吗?

(四)联系教室真实场景,再次感知"上下前后"

师:在我们教室里或你的课桌上有上下、前后的位置关系吗?小组互相说说。

师:请一位学生走下位置,任选一个位置。

师:现在他在谁的前面,在谁的后面?谁会完整地说一说?

(五)小结

师:刚才,我们一起认识了"上下前后",上和下、前和后总是一对一出现的。

四、课中操

师:上拍拍,下拍拍,前拍拍,后拍拍。你拍拍,我拍拍,上下前后认得准。

五、巩固运用

(一)摆一摆

师:下面请小朋友根据老师的要求摆一摆。请把数学书放在一边,文具盒放在数学书的上面,作业本放在数学书的下面。

师:谁能用"上下"说一说文具盒、数学书和本子之间的位置关系?

师:数学书的上面是文具盒,下面是本子。

师:如果把文具盒放在中间,你会摆吗?

师:谁来告诉大家现在数学书、文具盒和本子之间的位置关系?

(二)情境中练习

情境1:

师：看到小朋友学得这么开心，又来了几只小动物，是谁呀？小朋友你能说说这些小动物之间的位置关系吗？小组讨论后汇报。

情境2：

师：小动物们跑得又累又饿，我们准备点食物给他们吧！你看，冰箱里从上到下放满了好吃的，你能向小动物们介绍一下有些什么吗？

情境3：

师：看到小朋友这么热情，小猴子也想邀请你们去动物之家作客呢！想去的小朋友举手！

师：下面的小朋友只要能回答老师的问题就能去。前面有几个小朋友，后面有几个小朋友？

（指名说，说对的加入队伍。）

师：前面排队的小朋友表现很好，下面的小朋友表现也不错。小猴子想邀请全班小朋友都去它家，不过，它有一个小小要求，请男同学从前门走，女同学从后门走。咱们出发吧！

（多媒体播放轻快的音乐）

教学反思：

本节课主要是引导学生在具体场景中体会上下前后的位置关系，能比较准确地确定物体上下前后的方位，能按上下前后的方位要求，解决日常生活里的简单问题。学生初步学会用上下前后等词描述物体所在位置，形成初步的位置观念。这是儿童小学阶段首次接触到的方位学习，也是日后学习空间与图形的基础。

新课程指出，在第一学段的教学中，教师应充分利用学生的生活经验，设计生动有趣、直观形象的数学活动，激发学生的学习兴趣，让学生在生动具体的情境中学习理解和认识数学。一年级儿童的认知规律是感知——表象——抽象，因此，在备课时，我首先了解了孩子们对这些方位词的熟悉程度，然后再以他们喜闻乐见的游戏形式切入课题，学生的积极性因此被调动了。录音机的出现，小动物的到来，无不给好奇的孩子带来一次次新鲜刺激；向小动物介绍冰箱里的东西，到小猴子家作客的情境，让孩子们的小脸洋溢着兴奋和快乐；摆一摆，说一说的活动让他们在不知不觉中学会了用简洁的语言表达多个物体之间的位置关系。

课是上完了，但留给我的思考却是深远的。

思考一：数学在人们的认识中逐渐从静态走向动态，让学生学动态的数学是我们数学新理念所追求的。与其说数学是一位神坛上走来的圣者,不如说是一个平易近人的普通人。她是一个不断发展,不断进化,不断更新的运动体。既然如此,那我们还有什么理由要求学生一定得根据教师的暗示来回答?对于一年级的孩子来说,能用不同说法表达出数学书的位置已经难能可贵。有的孩子并不能完整地表达,我一次次地提示后忽然觉得:为什么我就不能迁就一下孩子们?我从成人数学的角度要求我的学生,其实学生看似啰嗦的表达恰恰反映了他们的认知水平,对他们而言,也许这才是准确的。儿童的数学发展是一个螺旋上升的过程,只有当我们真正从发展变化的角度看待数学,看待学生的数学成长,我们的孩子才能健康快乐地成长。

思考二:师生互动的课堂是美丽灵动的课堂。一项工作完成得好坏,很大程度上取决于工作者对工作的投入程度。游离于其外,事倍而功半;沉浸于其中,事半而功倍。什么时候我才能让孩子们沉浸于数学课堂之中?什么时候我才能忘却身外的一切,全然投入到理想的教育境界呢?我不知道这样的追问在我的课堂中是否能得到解答。

思考三:正如世界上没有两片完全相同的树叶,我希望我们的每一节课都是独一无二的。因为我们面对的是不同的变化着的孩子,试教了3次,我把3次的试教都当成第一次教学。我对孩子们微笑,和孩子们游戏,孩子们也还我以精彩,我不希望给孩子的只是40分钟的教学内容。

今后我还要紧跟课改的步伐,在实践中培养孩子的能力,给孩子快乐的数学,同时也使自己的课堂驾驭能力不断提高。

课例五 《认识图形》

教学目标:

知识目标:

通过独立思考、合作讨论,并结合相关的情境,让学生经历"摸一摸"、"描一描"等学习过程,体验"面在体上"、"面从体来",感知"体、面"之间的关系,经历从"体"抽象出"面"的过程,体会"面在体上"。

能力目标:

1. 让学生感知长方形、正方形及圆的特征,并通过"猜一猜"等活动,让学生能在具体的情境中辨认出这三种图形。

2. 渗透分类统计的思想。

3. 体会长方形、正方形、三角形、圆形在生活中的普遍存在。

情感目标：

1. 在愉悦的氛围中激发学生的学习兴趣，培养学生合作、探究和创新的意识，初步建立空间观念。

2. 让学生在动手操作、自主探究与合作交流等活动中培养创新意识和合作精神。

3. 通过学习，让学生感受到生活中处处有数学，数学在生活中的用处，并体验到学习的快乐。

教学重点：

通过"摸一摸""画一画""分一分""说一说"等操作活动，使学生感知长方形、正方形、圆形，经历从"体"抽象出"面"的过程，体会"面在体上"。

教学难点：

从物体表面抽象成平面图形。

教学准备：

1. 教具：长方体、正方体、圆柱体、饼干若干。

2. 学具：每小组有一份长方体、正方体、圆柱体学具；每个小组一个袋子，内装各种图形和一张大白纸；每人准备各种形状的白纸，水彩笔。

教学过程：

活动一：创设情境，导入新课

师：今天老师想带你们到图形乐园去玩一玩，大家愿意吗？

生：愿意。

师：瞧，图形乐园到了。（出示：由圆柱、长方体、正方体、球等物体拼成的图形乐园）

师：图形乐园漂亮吗？她是用我们熟悉的图形朋友们搭成的，谁愿意介绍介绍？

生：有圆柱、长方体、正方体、球。

师：对，圆柱、长方体和正方体都是咱们的老朋友，它们都是立体图形。在图形乐园里还有许多新朋友，你们想认识它们吗？

生：想！

师：小朋友，在我们的新朋友没有露面之前，你想知道些什么呢？

生：它们长的什么样儿？叫什么名字？它们喜欢做什么？它们的家在哪里呢？

师：瞧，它们来了！这些图形你认识吗？（出示长方形、正方形、圆）

师：谁知道它们的名字？

师：你能跟大家说说吗？还有谁知道？

师：今天，老师请来了许多长方形、正方形和圆形朋友和我们一起活动，大家欢迎吗？

活动二：引导探究，理解"面从体出"

师：你看，它们正在和小朋友捉迷藏呢，他们藏在了你们桌面上的积木上了，你仔细地看一看，摸一摸，看谁先找到他们！

（生开始找）

师：都找到了吧？谁来说说你在什么物体上找到了什么图形？

生：我在圆柱上找到了圆形。

生：我在长方体上找到了长方形。

生：我在正方体上找到了正方形。

师：再摸一摸自己找的图形的面，有什么感觉？（引导学生说出"面"的主要特点是平。）

师：他们有一个共同的名字，叫平面图形。这些平面图形的家都住在立体图形上。

师：长方形最调皮了，它想从长方体上下来，单独到纸上玩一玩，你能想办法帮帮它吗？

生：能。

师：请小组讨论一下，有什么办法？比一比，哪一组的办法多？

（学生小组讨论）

师：你们小组想出了什么办法？

师：真聪明！想不想自己动手把长方形请下来？

师：请小组合作，用你们喜欢的方法。

（一）组织交流

师：小朋友们真聪明，想出的方法都很好，老师也想出了一种办法，一起来看行不行。我将长方体的一个平面靠紧黑板，用粉笔贴着长方体描一描，就把长方体的一个面表示出来了。我用的是"描一描"的好办法。（教师板书：描一描）小朋友们看一看这个描下来的面长什么样儿的？

生：长长的、方方的。

师：像这样的图形就叫做长方形。

师：刚才大家一起用各种不同的方法表示出了长方体的一个面。

师：请小朋友们仔细观察，这个平平的长方形和这个长方体有什么不一样的地方？

师：平面图形平平的，它是长方体的一个面。

师：那请小朋友们看一看，你的课桌上除了长方体还有其他哪些物体呢？你能从刚才那么多种方法中选择一种自己喜欢的方法在这些物体的面上找到其他不同的平面图形吗？（教师随机拿着正方体、圆柱体）试一试吧！可以自己找，也可以和同桌小朋友合作进行。

（学生合作探究，教师巡视指导，然后学生汇报，边汇报教师边板书）

师：谁来汇报一下，你用什么方法找到了哪些图形朋友？"你们看这些图形都穿着白色的衣服，小朋友愿不愿意给它们穿上它们喜欢的衣服？"（学生涂色）

（二）分一分

师：每个人选出你最满意的作品，贴到黑板上，让大家一起欣赏。

师：小图形们挤在一起很不舒服，怎么办呢？

生：让他们分开站。

师：怎么个分法？

（学生分类，师板书：长方形、正方形、圆）

（三）抽象图形

师：刚才小朋友们通过观察，发现了这些图形朋友的家都在立体图形上，还通过小组合作，想办法把这些图形朋友从立体图形上请到了纸上。

（师演示从立体图形上分离出平面图形的过程，展示三个平面图形）

师：现在让我们和这些新朋友打个招呼吧，你想怎么跟你的新朋友打招呼呢？

生：你好，长方形。

生：Hi，正方形。

生：Hello，圆形。

活动三：游戏教学，快乐体验

师：用自己的小手、胳膊或者整个身体来比划出这些图形。你可以一个人比划，也可以两人或者一个小组合作。想好比划什么图形吗？准备开始。

师：老师想看看大家对我们的新朋友到底有多了解，我说一个图形的名字，请你闭上眼睛，想一想它的样子，一边想一边用手指画一画。

活动四：联系生活，深入理解，体会"面在体上"

师：像这样的图形在我们的生活中到处都有，小朋友仔细看看我们的教室，你能在我们的身边找找哪些物体的面上有这些平面图形吗？

生：黑板的面是长方形。

师：想想看我们的家里、大街上哪些物体上有这些图形？

生：电视机的面是正方形。

师：物体小精灵也在自己的身边找到了一些平面图形，我们一起看看吧。(出示：各种实物)你能说说小精灵在哪些物体的面上找到了什么平面图形吗？

生：小精灵在门的一个面上找到了长方形。

1. 围一围

师：老师这儿有一个钉子板，你能在钉子板上围一个长方形吗？谁来试一试？你能围一个正方形吗？你能围出一个圆吗？为什么不能？

2. 折一折

师：拿一张长方形纸，对折一次，展开看一看，你发现了什么？

师：拿一张正方形纸，对折一次，展开，你发现了什么？再次对折、展开，你又能发现什么？

师：拿一张圆形纸，折一折，展开，还是圆形吗？

3. 吃饼干

师：今天，我还给大家带来了礼物。

生：饼干！

师：对！看看这块饼干是什么形状？

生：正方形。

师：谁能把它咬成长方形？

生：我来，我来！

师：谁能咬出其他形状？

生：我能！

4. 猜图形

师：今天这节课小朋友学得很好，老师要奖励给每个小组一份礼物。这是一个魔术袋，里面装满了各种图形，聪明的孩子蒙住眼睛也能知道自己摸到的是什么，你相信吗？(请一个学生出来示范)

问：你是怎么知道的？

师：现在允许小朋友睁开眼睛（教师用卡纸遮住圆，只露出一小部分），谁来猜猜是什么图形，你是怎样想的？

师：再猜一个（教师用卡纸遮住长方形，露出一小部分），这次你知道是什么图形吗？

师：你们能说说自己是怎么想的吗？

生：因为正方形是正正方方的，它露出来的这个角也是正正方方的。

生：是啊，但是你又看不见遮住了的部分，说不定它是长长方方的呢，那它就是长方形了。

师：你们都想的很好，是经过了认真思考的。我们要想知道谁说得对，那就把卡纸拿开看一看。（教师展示）原来是长方形啊。看来，我们在解决问题的时候，不仅要会思考，还要注意全面地考虑问题。

5．拼图

（师出示各种图形组合成的美丽的图画）

师：小朋友看，这幅美丽的图画就是用我们的新朋友拼成的，你能说说它是由哪些平面图形组合成的吗？

师：你也想用这些漂亮的平面图形拼出一幅美丽的图画吗？小组合作完成，说说你们都用了哪些平面图形。

（学生随着音乐分组合作拼图，然后请小组展示并汇报）

师：说一说，你拼的是什么？用了哪些图形？

活动五：联系生活，触类旁通

师：今天，学到了什么？你开心吗？谁为今天这节课取个名字？

师：平面图形在我们的生活中随处可见，学习了今天的知识，老师希望小朋友们以后仔细地观察，将你看到的告诉爸爸妈妈，好吗？

教学反思：

本节课我主要以"让学生在快乐中求知，在操作中学习数学，在实践中应用数学"为指导思想，力求从学生已有的经验出发，尊重学生的个性差异，培养学生的探索意识、合作精神和创新能力，注重知识的形成过程，体现数学与其他学科的整合。本课的教学活动中学生的学习热情一直较高，能比较主动积极地参与数学活动，能够正确地认识长方形、正方形和圆，深刻地体会"面在体上"。能取得这样的效果，我想有以下几个原因。

1．生动有趣的情境激发了学生的学习兴趣

兴趣是最好的老师。在教学中能充分激发学生的学习兴趣，将从内向外推动学生主动学习、积极思维和乐于探索。这节课由"带领孩子走进图形乐园"这一生动有趣的情境调动学生学习的热情,由熟悉的立体图形朋友引入,更能引起学生的兴趣和学习欲望,为本课的数学活动开创了一个良好的开端。另外教学中安排"到小白兔家去参观"和"帮助小白兔围各种形状的空地"这样生动有趣的情境,让学生感受到数学学习的趣味性,使学生始终能主动参与学习。

2. 形式多样的操作调动了学生的主动参与

《课标》指出,在"空间与图形"部分的教学中,教师应设计丰富多彩的活动,使学生通过观察、折叠、讨论,进一步了解自己所生活的空间,认识一些常见的几何体与平面图形。因此在教学时,首先让学生动手描出物体的一面,感受平面图形是从具体实物中抽象出来,体会"面在体上";在钉子板上围长方形和正方形,学生可以从中认识这种平面图形的基本特征;把一个正方形饼干咬成长方形饼干,加深学生对图形的认识;摸一摸、折一折的过程,是在观察、操作中认识这些图形;闭上眼睛想象图形的样子,学生在头脑中形成表象,建立空间观念;说一说生活中什么东西的面是长方形、正方形或圆形,在说中学生从抽象的事物又回到具体的实物上,进一步体会"面在体上"。整个操作过程从眼、手、口等感官充分调动学生主动积极参与数学活动。学生在参与操作中体验到学习的乐趣,尝到学习成功的滋味,树立了学好数学的信心。

3. 自由充足的空间培养了学生的合作交流能力

学生的语言交流对于发展学生空间观念具有重要作用,为此,要重视学生的合作与交流,尽力为学生提供思考与交流的机会。在教学中,每次学生动手操作后总让他们与同桌或者在小组内交流自己的操作方法和操作发现,或者是让他们互相检查、互相纠正。学生总有自己的空间进行交流。特别是以小组为单位进行活动时,学生有更广阔的空间进行合作交流。这些自由充足的机会,学生不仅培养了交流合作能力,而且养成良好学习习惯。在自主探索、交流中感受数学知识的形成和应用,从而产生对数学活动的兴趣。

4. 注重与生活的联系,感受数学生活化

《课标》强调要注意数学与生活的密切联系,让学生学习有用的数学。每种平面图形都是从生活中的实物抽象出的。课外实践作业:跟父母说说生活中什么东西的面是今天学过的平面图形。这样引导学生不仅在课内学习与生活联系,而且在课外实践中与生活联系。学生深深地感受到数学来源于生活,数学亦能服务于生活。

这一课的教学采用了小组合作的学习方式,但小组长在这一个活动中并没有发挥到应有的作用。如何使小组学习能得到更好的效果,小组长如何发挥自己的作用将是我在教学中需要思考和改进的。

第三节 创设教学情境 注重生活体验

课例一 《生活中的数学问题》

教学目标:

1. 让学生经历从现实生活中发现、提出并解决简单的数学问题的全过程。
2. 进一步提高学生分析数量关系的能力。
3. 学会与人合作,获得良好的情感体验。
4. 感受数学在日常生活中的作用。

教学重点: 能运用所学知识和方法解决实际问题。

教学难点: 如何从生活问题中提取、处理数学信息。

教学准备: 了解游乐园的游乐项目、价格;学生每人分发一张"方案设计"纸。

教学过程:

一、引入

师:小朋友,上星期四我们一起在人民公园秋游玩得开心吗?你记得人民公园里有哪些游乐项目呀?你最喜欢哪几个项目,为什么?

师:如果要去游乐园参观,你想了解什么?

生:我想了解每个项目的价格,哪些项目比较有趣,项目是不是安全,有什么特殊规定等。

(出示表格)

师:小朋友要了解的可真多,从老师的表格中你了解到哪些信息?

项目	价格	说明
高空自行车	3元/次	
电动小飞机	2元/次	
碰碰车	4元/次	每次可坐两人
美人鱼	6元/次	每次可坐两人
荡舟濠河	8元/次	

师：有疑问吗？可是老师却有不明白的地方，"可坐两人"是什么意思呀？

生：一个人和两个人坐的价格一样。

师：如果你要玩碰碰车或者美人鱼，你准备怎么玩？

生：我想和我的好朋友一起玩。

师：如果每个项目玩一次，一共要用多少钱？怎样计算？

（板书：3＋2＋4＋6＋8＝23(元)）

师：谁能每个项目都玩到花的钱却更少？怎样计算？

（板书：3＋2＋2＋3＋8＝18(元)）

师：如果让你来选择，你用谁的办法？为什么？

师：在这几个项目中，你最想玩哪几个项目？说给你的同桌听听。帮你的同桌算一算他需要花多少钱？哪里可以节省？

师：如果你想玩2次空高自行车，2次美人鱼，2次荡舟濠河。算一算需要多少钱？

（板书：3×2＝6(元)　6×2＝12(元)　8×2＝16(元)　6＋12＋16＝34(元)）

师：可是妈妈只给了你30元钱，而你又一直想玩这些项目，怎么办呢？

师：每个小朋友都有自己的好朋友。下面我们来做一个游戏，请找到你最好的朋友，两个人一起想一想，怎么玩，哪里可以节省？商量好后可以偷偷告诉我或客人老师，要保密哟！

生：我们可以和好朋友一起玩，大家相互请客，这样既玩得开心，又增进了友谊。

师：小强有22元钱，玩"荡舟濠河"2次后，剩下的钱还有哪些玩法？请大家小组讨论。

生1:可以玩2次"高空自行车"。

生2:可以玩3次"电动小飞机"。

生3:可以玩1次"电动小飞机"、1次"碰碰车"。

生4:可以玩1次"美人鱼"。

生5:还可以节约些,两人一起玩。

……

二、展开

(一)小组竞赛

师:有时公园会发游乐券,如果发给每人一张20元的游乐券,你能设计一个游乐方案吗?

师:老师有一些小小建议,一起看一看。(出示建议)

建议:1.确定游玩项目和次数,算出应付总钱数。

  2.组内检查计算是否正确。

  3.每组选出一个最喜欢的方案,派代表填在黑板上。

师:小组比一比,看哪个小组设计的方案又快又好。老师也来参加你们的比赛,好吗?那咱们开始吧!

游玩方案设计

项 目	价 格	次 数
高空自行车	3元/次	
电动小飞机	2元/次	
碰碰车	4元/次(可坐两人)	
美人鱼	6元/次(可坐两人)	
荡舟濠河	8元/次	
应付总钱数		

(二)汇报交流

1.呈现设计方案。(每组代表填在黑板上,老师填在最后)

方案 项目	1	2	3	4	5	6	7	8	9	10	……
高空自行车	3	0	0	1	0	2	0	3	0	6	
电动小飞机	2	1	1	2	1	2	0	2	1	1	
碰碰车	1	2	2	1	1	0	2	0	1	0	0
美人鱼	1	2	1	1	3	2	2	1	3	0	
荡舟濠河	0	1	1	1	0	0	1	0	0	0	

2. 学生观察，去掉重复的方案。（方案 2 和方案 3 相同）
3. 分析检查方案的可行性，并进行交流。
4. 说说设计时的计算方法，用算式表示。
5. 讨论：这么多方案你最欣赏哪一种，为什么？
（师表扬既节省玩项目又多的小组）

三、拓展

（一）师：小朋友游玩时，老师做了一个小小的统计即二(B)班参加各项游玩活动的人数

高空自行车	电动小飞机	碰碰车	美人鱼	荡舟濠河
8	4	9	16	3

师：从这个统计表中你发现了什么？你会根据这个表格编应用题吗？请小组讨论交流。

（二）指名编题，挑战应答。（方式可多样化：挑战一人、一个小组、全班甚至老师）

四、总结延伸

师：今天我们用所学的数学知识设计了很多游玩方案，解决了生活中的一些数学问题。（揭示课题：生活中的数学问题）

师：看到小朋友这么开心，老师也特别高兴。只要小朋友善于观察和分析，在日常生活中像春游这样的生活中的数学还有很多。课后小朋友可以整理出来，把它编成题目，下次我们一起讨论。

教学评析：

一节成功的课堂教学，不仅要让学生掌握所学知识，更重要的是要创造一种和谐愉悦的气氛，让学生能够从中感受到学习的乐趣，并主动地去探求知识，发展思维。听了南通市开发区实验小学严亚雄老师的《生活中的数学问题》一课，深深被严老师创造和谐氛围、积极诱导学生的教学艺术所折服。课堂上学生兴致勃勃的学习情绪、聚精会神的神态、跃跃欲试的举动，以及师生间融洽的情感交流，给我留下了深刻的印象。

1. 引入教学的片断

学生的学习过程应该是认知过程和情感过程相统一的活动过程。此片断中，轻柔的音乐、优美的画面，将学生带进了一个趣味性很浓的设计活动方案的生活情境中，以情促知，创设了情知互动的愉悦氛围。在这种氛围中，学生对自己设计的方案展开了合理地想象和估计，经过推测，提出问题后同桌交流，在实践与探究中学会学习，体验到学习成功的愉悦。课堂不是单一化、模式化，而是立体化、多层次的学习空间。

2. 展开教学的片断

课堂上，往往教师要求学生该怎么做，学生也习惯听从教师的指令，学生的被动性很强。从这个片断中看出，老师让学生自己对自己提出要求，而不是命令学生坐好、认真看、做好记录等，化被动学习为主动学习，从而让学生明确要学习的是自己，唤起学生的主体意识，为新课的学习酝酿了良好的情绪。

3. 拓展教学的片断

这一环节中有三妙。一是依据学生亲身体验编制的统计题材入手，找到了知识的"源"。因是有感而说，其思路也就源源不断。从非计算性的直接观察，得出各类数据的多少到编制应用题，学生是在动手活动，观察图表等物质和物质化材料的基础上，进行口头编制应用题的训练。这使学生对数学问题所经历的全部过程感到真实可信，具体感受到数学与生活的密切联系。二是教师注重引导学生，不断鼓励学生尽量从统计图的原始信息中提出与别人不同的问题，多角度地去进行选择、加工信息，直至发布信息，训练学生的求异思维和发散思维。三是引导学生从已有的数据中进行挑战应答，发挥小组合作学习的作用，这样就打破了学生思维的定势，使学生进行逆向思维，体现了课堂的开放性和教学方式的多样性。

4. 总结延伸的教学片断

最后教师提示学生可以在生活中注意观察和分析,学生可以在生活中找到自己思维的时空与主动探索、创新的机会,让他们学会独立、合作、互动学习。正如苏霍姆林斯基所说:"正像空气对于健康一样,自由时间对于学生是不可少的。自由时间是丰富学生智力生活的首要条件。"从这一角度讲,此片断的处理为培育学生创造力提供了必要的条件。

课例二 《认识厘米》

教学目标:

1. 结合生活情境,体会建立统一度量单位的重要性。

2. 学生能通过观察、操作等活动,初步认识长度单位厘米,初步建立"1厘米"的长度观念,初步学会用刻度尺量物体长度的方法。

3. 使学生能估计一些物体的长度,并进行测量,会画指定长度的线段。(限整厘米数)发展学生的空间观察能力,开阔学生的数学视野。

4. 培养学生初步的实践能力以及与同伴合作的良好态度,并在实际观察和操作中,使学生养成细心、认真的学习习惯。

教学重点: 掌握"1厘米"的实际长度及初步学会用尺子量物体。

教学难点: 建立"1厘米"的长度观念。

教学准备: 多媒体课件、实物投影仪、小棒、直尺、剪刀、吸管、彩条等。

教学过程:

一、创设情境,激趣导入

(电脑播放:森林学校的小动物量课桌的长,发现每个人说的数字不一样。)

师:为什么他们说的数字都不一样呀?

生:因为他们用的工具不一样。

师:那怎样才不会出现这种情况呢?

生:大家都用同样的工具去量。

师:谁还想说说你的想法?

生:可以用尺量。

师:是呀,生活中我们测量物体长度通常要用到尺子。

评析：情境激趣，通过创设故事情景，并根据学生熟悉的身边事物和已有的知识来引出学习内容，这样不仅激发了学生的学习兴趣，而且让他们感到要学习的知识就在自己的身边，从而使学生主动参与到学习的全过程中，并进入积极探求新知的状态中。

二、探索实践，建构新知

探究一：认识尺

（一）观察尺

师：小朋友，拿出你的尺。看一看尺子上都有些什么？

（二）说尺

师：把你们看到的和同桌的小朋友说一说。（教师巡视）

师：谁愿意把你看到的说给全班小朋友听？（学生汇报）

（　　　　）如果学生说出图案（　　　　　）

师：哦，你的尺是这样的。那你的呢？

（　　　　）如果学生直接找到数字（　　　　　）

师：你们的尺子上也有数字吗？都有哪些数字呢？读一读！

师：除了数字，尺子上还有哪些相同的地方？这些线怎么样啊？

（　　　　）如有人说出"厘米"或"cm"（　　　　　）

师：小朋友们观察得可真仔细。cm是长度单位厘米的符号。

（三）认识尺

师：老师这儿也有一把尺，一起看。（电脑演示）

1. 认识尺子上的数字

师：刚才小朋友说尺子上有数字，这些数字是怎么排列的？

师：排在最前面的是几呢？

师：0就像起跑线一样，标志着开始，咱们给它个名字，叫0刻度或刻度0。（电脑出示：刻度0）

师：接着是刻度几？这是刻度几？（指2）

2. 认识刻度线

师：刚才小朋友还看到尺子上有线，这些线叫刻度线。刻度线有的短，有的长，两条长刻度线之间就是一大格。（电脑显示）

师：数一数，你的尺子上有几大格呢？

（学生汇报）

师:看来小朋友们带来的尺子有长有短,不过,每一大格之间的长度都是一样的。像这样的一大格的长度就是1厘米。(电脑显示)

探究二:认识"1厘米"

(一)指一指

你能从尺子上找出1厘米长吗?(生在尺子上找)

师:找到了吗?谁愿意当神气的小老师,到前面来指一指!(指名指)

师:原来他找到的是这一大格。(师同时比划)

师:谁还愿意来指一指?(指名指)

师:他找的是从刻度几到刻度几之间的长度?

师:那么从刻度1到刻度2这一大格的长度是多少?(指名说)

师:你还能找到哪些1厘米长?还有吗?

师:是啊,尺子上每一大格的长度都是1厘米。(电脑演示)

师:我们一起来看一下。(教师在实物投影上用两把尺进行演示)原来两个中等长的刻度线之间的长度也是1厘米。

(二)感受"1厘米"

师:那1厘米到底多长呢?

(师拿起边长1厘米的小方块)

师:下面请小朋友跟我做,用右手的拇指和食指轻轻夹住小方块,左手慢慢抽出小方块。好,不要动,猜一猜,这时这两指之间的小缝大约是多长?

师:好,看着两指之间的距离,闭上你的小眼睛,把这个长度记在脑子里。

师:现在换一只手,不用方块,比划1厘米给老师看。

师:比划得对不对呢,用小方块去比一比,看是不是差不多?(学生比划准确的1厘米)

师:你觉得1厘米怎么样?

(三)找一找

师:别看1厘米短,生活中的很多物体的长度大约都是1厘米。看,这是老师的食指,(师同时示范)大约多宽?

师:小朋友,你的哪个手指的宽度大约是1厘米呢?用尺比划一下。举起来给大家看看!

师:记住,这就是我们身上的厘米尺。

师:在我们的身边,我们的周围,还有哪些东西的长度接近1厘米呢?

师：你找到了吗？是什么？

（同桌交流后汇报：手指的宽、牙齿的宽、扣子的宽度、图钉的长度、数学书的厚度、田字格的一条边的长度、一小段粉笔等）

（四）做一做

师：刚才我们认识了厘米，知道1厘米有多长，你能从彩条纸上直接剪下1厘米长的一小段吗？动手试一试吧！

（学生动手制作）

师：剪好的小朋友把它放在尺上比一比，是不是接近1厘米？

师：好，把你的作品向大家展示一下。

探究三：认识"几厘米"

1. 自己找厘米数

师：除了1厘米长，你还想从尺子上找到几厘米？

师：你找的是几厘米长，从刻度几到刻度几？

师：这里面有几个1厘米？（课件同时显示）

2. 看尺说厘米数

师：下面请小朋友看着尺，我来说几个，0~3，几厘米啊？0~5呢？（课件同时显示）

3. 不看尺说厘米数

师：现在不看尺，再请你说一说：0~4、0~6、0~9。

（学生口答）

师：这就是尺子上标有数字的目的，0刻度是起跑线，从0开始，跑到几就是几厘米。

4. 看实物图说厘米数

师：（出示铅笔图）小朋友，你知道这支铅笔长几厘米吗？你是怎么知道的？

5. 看线段说厘米数

师：（出示线段图）这条线段是多长呢？

评析：老师从引导学生观察几乎每天都用的尺子，从尺子上认识长度单位厘米，再用厘米量物体的长度，不断创造机会对学生的"指、比、找、做"等大量实践活动进行学法指导，帮助学生认识厘米的长度表象。活动过程如下:让学生认识统一长度单位的必要性活动(认识尺)——建立1厘米空间观念的活动(认识"1厘米")——建立"几厘米"空间观念的活动(认识"几厘米"),这一连串有序的活动,使教学层层深入,促使学生逐步形成对厘米的丰富认知。

三、实践应用,练习巩固。

(一) 量线段

1. 量整厘米数

(1) 学生试量

师:(拿出吸管)先来估计一下,这根吸管的长是多少呢?

师:估计对了吗?拿出尺子量一量吧!

(指名演示)

师:下面的小朋友认真看他是怎样量的。

师:这位小朋友量得认真,其余的小朋友看得也很仔细!

师:森林学校的大象老师也在教小动物们量吸管呢!一起去看一看!

(电脑演示)大象老师:小朋友,我们在量吸管时,要把刻度线0对准吸管的一端,再看吸管的另一端对着刻度几,那就是几厘米长。小朋友,是几厘米长啊?

(2) 判断辨析

师:一听完大象老师的话,小动物们就迫不及待地去量物体长度了。

(电脑出示三种量法)

a. 没有对齐0刻度线来测量。

b. 正确量法。

c. 笔尖翘起来测量,没有对齐。

师:小朋友们看看,他们测量长度的方法正确吗?为什么?

2. 量非整厘米数

师:下面请看,这里有两条线段,(电脑出示红线段与蓝线段)它们有多长呢?

(1) 学生试量

师:拿出作业纸,请男生测量红色线段的长,女生测量蓝色线段的长。

(2) 交流

师:红色线段是多长啊?

师：正好8厘米吗？（电脑演示用尺量的过程）

师：哦，红色线段的长是8厘米多一些，我们就说红色线段大约长8厘米。

师：那蓝色线段长多少呢？

（电脑演示用尺量的过程）

师：蓝色线段的长是8厘米少一些，我们也可以说蓝色线段大约长8厘米。

师：像这样的两条线段都可以说是大约长8厘米。

（二）比长短

师：老师这还有两条线段，你们看看哪条线段长？

师：到底长多少呢，怎么办？

师：请小朋友看作业纸上的第2题，动手量一量吧！

（学生在纸上测量）

师：长多少？你是怎么知道的？

师：他是通过量两条线段的长度再算出来的，一共量了两次。还有不同的量法吗？

师：你们看这样量可以吗？（电脑演示：量蓝色线段比红色线段多出来的一段）

（三）画线段

师：我们已经学会了量线段的长度，现在请你们画一条4厘米长的线段，你会画吗？试试看。

（学生在纸上画，教师巡视）

师：一起看，这里有几个小朋友画的线段，是4厘米吗？（师用尺量后评价）

（四）猜长短

师：下面我们来做一个小游戏，拿出信封，看一看，有什么啊？

师：请小朋友拿出一根长1厘米的小棒。再请小朋友拿出一根9厘米长的小棒。

师：估计一下，剩下的那根小棒大约有多长？

师：量量看！（学生量小棒的长度）

师：你量对了吗？

评析：教师设计了"量"、"比"、"画"、"猜"等一系列的体验活动，在大量的操作中，促进学生对厘米认识思维活动的内化，提高了学习数学的兴趣和解决问题的能力。

四、课堂延伸

师：图中有两条竖线，哪条长一些？（出示图）

师：量量看！（电脑显示量的过程）

师：发现什么了？

师：那这幅图中的两条横线，哪条更长些？

师：看来，有的时候，光用眼睛看还是不够的，动手去做一做、量一量也很重要哟！

师：课后小朋友可以从自己身边或家里找几件比较短的物体量一量，并记录下来，好吗？

评析：课的尾声教师设计了视觉产生错觉的判断题，不仅强调了观察，更突出了动手实践并检验的重要性，同时培养了学生细心、认真的学习习惯，渗透了实践出真知的思想。

教学评析：

《认识厘米》是苏教版小学数学二年级上册教学内容。通过这一课的学习要求学生认识厘米这个长度单位，知道它有多长；要能应用厘米，测量具体物体的长度；为认识米、分米和毫米打下基础。为了让学生体会"1厘米"，逐步建立正确的表象，需要让学生通过活动来体会。因此，教师在教学中设计了丰富多彩的活动，使学生经历了"感知——体验——运用"这一系列完整的建立长度观念的过程。总的说来，本课有以下几个特点。

一、密切围绕"数学来源于生活"

数学课堂教学改革，应强调在教学过程中，从学生的知识经验和生活背景出发，在研究现实生活问题的过程中学习数学、理解数学和应用数学。这节课，根据小学生的认知特点，以"量凳子的长度"这一学生熟悉的生活实际入手，使学生感受到统一测量单位的必要性，进而老师引导学生观察几乎每天都用的尺子，从尺子上认识长度单位厘米，再用厘米量物体的长度。整个教学过程，老师所创设的情境，选择的教具、学具等都取材于学生的数学现实中，使学生感到亲切、有趣，使教学活动更富于生气和活力，更能使学生体验数学来源于生活，扎根于生活，应用于生活，从而培养学生逐步形成运用数学的意识。另外，整个教学过程，特别是用厘米量这一环节不单纯依赖教师的讲解示范，而更多的是由学生自己去实践活动，渗透了实践出真知的思想和培养了实践能力。

二、一切为了学生的"学"

整节课的学习，教师始终是学生学习活动的组织者、指导者和合作者，而学生始终都是一个发现者、探索者，充分发挥他们的学习主体作用。建立1厘米的实际长度的表象是本节课的重点，教师通过指导学生通过一系列有条理的操作，让学生在操作中感知、领悟，建立起1厘米的长度观念。在"量"、"比"、"画"、"猜"等一系列的体验活动中，教师敢于把时间和空间交给学生，让他们通过观察、操作、独立思考、讨论、交流去获得数学知识，使学生得到主动发展。

三、一切为了学生将来的发展

培养学生猜测的意识，这是创造的前提。在教学过程中让学生大胆猜测，提出一些预感性的想法，实现对事物的瞬间顿悟，有利于促进学生创造性思维的发展。新课标明确提出要重视估测，培养学生估计的意识，可见，猜测应该成为学生学习数学的一个不断发展的部分。因此，在日常教学中应该鼓励学生大胆猜测，促进创造性思维的发展。本课中，"猜测"贯穿于整个教学始终，在建立"1厘米"的长度观念的时候，老师请同学猜一猜拿走小方块后两指间的距离；在认识了"几厘米"后，学习用厘米量这一环节，老师先让学生猜测吸管的长度，再让学生用尺子量一量，来验证自己的猜测；最后，再次进行猜测活动，通过会产生视觉错觉的线段，让学生通过观察比较线段长短，然后再通过尺子测量去验证各自的猜测。这样的设计，使猜测与实际测量相互配合，有效地帮助学生形成长度的空间观念，增强他们测量的灵活性。学生就在这样的猜测过程中，不断产生创造的灵感，闪现创新的火花，为终身学习打下基础。

四、恰当的多媒体辅助教学

计算机走进课堂，是现代课堂教学的一大特点。利用多媒体能制做出图案美观，色彩鲜艳，形象生动的动画。通过这些生动的画面能多层次、多角度的作用于学生的感官，使其建立清晰的表象，形成直观的启发思考，并能丰富想象，渲染气氛，活跃课堂。

教师创设了生动的故事情境，制作了动、静结合的故事画面，使学生在一个十分轻松又乐于参与的氛围中认识尺、感知"1厘米"的长度、用尺进行测量。本课使用的计算机技术一方面改变了学生学习和教师教学的方式，另一方面又展示了教师应用现代技术手段的良好素质。

课例三 《百分数的认识》

教学目标：

1. 在现实的情境中，初步理解百分数的意义，会正确地读写百分数。

2. 经历百分数意义的探索过程，体会百分数与分数、比的联系和区别，积累数学活动经验，进一步发展数学情感。

3. 在用百分数描述和解释生活现象的过程中，体会百分数与生活的密切联系，增强自主探索与合作交流的意识，结合相关信息渗透思想教育。

教学重点：充分体验、理解百分数的意义。

教学难点：百分数与分数的区别和联系。

教学准备：多媒体课件。

课前准备：收集生活中的百分数。

教学过程：

一、开门见山，揭示课题

师：同学们知道今天我们将要学习什么内容吗？今天我们一起来认识"百分数"。（板书课题）

师：说起百分数，顾名思义，它是一个数。我们已经认识了哪些数？自然数、整数、分数、小数、负数这些都是"数"，可是你知道吗，咱们人类最初是没有数的。

师：由于记事和分配生活用品等劳动的需要，古代的人逐渐产生数的概念，又经过漫长的岁月，人类创造了自然数；随着生产、生活的需要，人们发现仅仅有自然数是不够的，如5个人分4件东西，于是聪明的人们又发明了分数；再看负数，随着社会的发展，人们又发现很多具有相反意义的量，智慧的人类就发明了负数。

师：看来，"数"因人类生产、生活的需要而产生，那么，百分数又是应什么需要而产生的呢？

二、创设情境，引发探究

（一）创设情境，初步认识百分数

师：先来帮严老师解决一个问题，好吗？最近啊，我们学校正在筹划数学文化节的事情，要求每个班推举一名口算能力最强的学生参加学校比赛。

几轮筛选赛下来,我发现班上有3名同学口算实力是旗鼓相当,难分上下啊。这不,我正为这事为难呢?同学们,愿意帮帮我吗?早就听说咱们江海小学的同学特别热情,果然如此!

师:那我们就一起来看一看他们三人练习口算的调查信息。

姓名	正确题数	口算总题数
肖林峰	22	25
王李宇	18	20
沈 敏	43	50

师:老师来采访一下,看看我们同学对这件事的意见是怎样的?

师:这位同学,你好!如果让你来选择,你会推荐谁去参加学校比赛?可以说说你选择的理由吗?

师:感谢你给我提出好的建议,谢谢你!

师:你考虑得可真周到!

师:到底该选择谁更合适呢?小组讨论讨论。

师:怎么样,可以交流了吗?

(如果有同学选择沈敏,理由为正确题数最多。)

师:同学们,你们怎么看?

(如果有同学选王李宇,理由为错题最少。)

师:有道理。我们一起来看看!这样看来是应该将机会给王李宇。同意这一理由的,请举手。

师:考虑好了吗?不改啦?

师:按这样的说法,如果我只做1题,可惜这题做错了,那么我只错了1题 1−0=1,最小,你会不会推荐我去参加比赛呢?

师:笑过之后,是不是有了新的想法?谁来说?

如果有人提出要看正确题数占几分之几,则出示表格

姓名	正确题数	口算总题数	正确题数是练习总题数的几分之几
肖林峰	22	25	
王李宇	18	20	
沈 敏	43	50	

师：谁来说一说肖林峰正确题数是练习总题数的几分之几？王李宇呢？沈敏呢？

师：现在你能直接比较出谁的口算能力更强一些吗？

师：如果都计算100题就一目了然了。那么，如果不求正确题数占练习总题数的百分之几，而是求几分之几，行不行呢？刚才88％、90％、86％又是怎么算出来的呢？

师：感谢刚才所有发言的同学，你们的发言为我们带来了一场非常有价值的思考。

（二）自主探究百分数的读写方法

师：刚才同学们为了便于比较和分析，求出了正确题数占练习总题数的百分之几，这样我们就能很清楚地做出选择了。一起说，现在，推荐谁去啊？

师：谢谢同学们！严老师一定将这个好消息带给王李宇。

师：这些分数，还可以这样表示，知道这是什么数吗？对，这些都是百分数。

师：这个百分数你会读吗？

师：同学们真厉害，老师还没教，你们就会读了。那你们会写吗？自己挑两个写一写。

（指名板演。）

师：哪些写得规范又好看呢？（同桌互评）

师：你认为写百分数时要注意什么？

（三）初步了解百分数的意义

师：88％表示什么意思呢？谁来说一说？90％呢？

师：这三个百分数都表示正确题数是练习总题数的百分之几。

三、交流探讨，深化理解

师：借助百分数，我们很好地解决了到底推举谁参加口算比赛的问题。看来百分数真是个好帮手！

（一）学生交流搜集的百分数，再次理解意义。

师：生活中这样的百分数还有很多，同学们课前也搜集了不少，你收集的百分数表示什么意思呢？请你对照这张调查表在小组里交流。

（师巡视，指导填表。）

百分数意义调查研究表

这个百分数是（　　　　）和（　　　　　）比较的结果。
这个百分数表示（　　　　）是（　　　　　）的（　　　　）。

师：你在哪儿找到的？这是网络上找到的吧？

（注意搜集各种百分数，如 52％、3.5％、100％、120％等。）

师：谁愿意上来说给大家听听？（投影）

1. 衣：100％棉，这里的 100％能用 1 表示吗？
2. 饮料、酒、药品。
3. 报纸或网络。

师：衣服的标签上有，牛奶、饮料上有，网络上也能收集到，我们的生活中真是处处都有百分数！

（二）老师展示搜集的材料，深入理解意义。

师：老师也搜集到不少资料，一起来看！

（出示最新调查数据）

小学生图书阅读率为 84％

小学生上网率达到 63.6％

师：有人说啊，读一本好书就像交了一个好朋友。网络可是一把双刃剑，得用对、用好！

师：谁来读一读，这里的百分数表示什么意思？

（出示：2010 年，小学高年级（4～6 年级）学生近视率为 63.29％，比 2005 年上升了 9.1 个百分点。）

师：对照上面的几则信息，你想对同学们说些什么呢？

师：同学们在热爱读书、亲近网络的同时可要注意保护视力啊！

师：咱们班有近视的同学吗？我国学生的视力问题确实令人担忧。这是某市视力调查的结果。观察这组数据，小学、初中、高中生的近视率各是多少？你发现了什么？你们怎么比的？

师：这位同学发现了一个秘密。百分数的分母都是 100，特别便于比较，难怪人们在生活中这么喜欢使用百分数。

师：为了寻找资料，我在电脑上下载一个软件时，显示屏上不断显示一串百分数，从 0％变化到 80％，现在下载了多少啊？继续下载，显示 100％，说明什么呢?

(三)揭示百分数的意义。

师:刚才我们看了很多百分数,虽然这些百分数使用的情境不同,但是它们都有相同的地方,是什么呢?讨论一下。

师:谁来说一说?

师:分母都是100,就是说表示"百分之几"。我们把其中的一个叫做"一个数",还有一个呢?

师:那你能不能完整地说一说,什么样的数才能叫做百分数?

(出示:表示一个数是另一个数的百分之几的数叫百分数。)

(四)了解百分数又叫百分率、百分比。

师:继续看(出示牛奶图)这是一盒普通的牛奶。你能从这里找到百分数吗?

师:同学们真厉害,这里虽然没有百分数,但是却蕴涵着百分数的思想。

师:这里的"每100克"是不是说这盒牛奶就是100克?谁来说一说"水份"是这盒牛奶总量的百分之多少?谁再来说一个?

师:这盒牛奶中,蛋白质含量是牛奶总量的百分之多少?蛋白质含量与牛奶总量的比是多少?

师:同样是讲蛋白质和牛奶总量之间的关系。这个是百分数,这个是分数,这个是比。它们虽然形式不一样,但表示的意义是一样的。所以百分数又叫做百分率或者百分比。

(五)明确百分数和分数的异同。

关于百分数,课前同学们有很多疑问,有同学提出"百分数和分数有什么联系呢?"这个问题很有价值。让我们带着这个问题一起看下面的题目。

师:说一说下面各句中百分数的意义。

1. 一根长 $\frac{4}{5}$ 米的绳子,第一次用去全长的40%,第二次用去全长的 $\frac{1}{5}$。

2. 前年全国沙漠面积约占27.3%。

3. 目前,我国残疾儿童入学率约为60%。

师:同学们观察这些百分数,与分数相比,它们有什么特别之处呢?

师:百分数的分母都是100;百分数与分数的写法不一样;百分数的分子可以是小数,百分数可以不约分;百分数不带单位,只表示分率,不表示数量,而分数既可以表示分率也可以表示数量。

师:你有没看到百分数带单位？是根本没有,还是你不小心看丢啦？为什么不带单位呢？

师:也就是当分数表示一个具体的数量时,不能用百分数来表示。什么情况下可以用百分数表示呢？

师:百分数和分数一字之差,却存在着诸多不同,你们要区别对待！

2. 辨一辨

师:接下来就请你快速判断书中练习的第 3 题。

师:下面哪几个分数可以用百分数来表示？哪几个不能？为什么？

师:问题得到了解决,你们对百分数和分数之间的关系也 100% 理解了。掌声送给提问的同学,也送给你们自己。

四、巩固应用,深度理解

(一)找一找

师:下面我们再来找一找图形中的百分数,下面每个大正方形都表示"1",图中涂色的部分和没有涂色的部分各占"1"的百分之几？

师:你怎么这么快就想到 95% 的？原来涂色部分与没涂色部分合起来就是 100%。

(二)填一填

师:继续看,你能用这些百分数来填一填吗？

1%　　　　138%　　　　100%　　　　0.03%

1. 从"神一"到"神九",神舟飞船从未失败,发射成功率为(　　)。

师:中国航天事业创造了连续成功的神话,真了不起！

2. 中国在 2012 年奥运会上取得的奖牌数大约是 2004 年的(　　)。

师:为什么不选择 1% 啊？看来同学们都有着强烈的民族自豪感,都希望祖国强大。一起来看看 2004 年 63 枚,2012 年 87 枚,填多少？

师:进步真大啊。

3. 我国的土地面积正在以每年(　　)的速度被沙漠侵吞。

师:根据统计,是 0.03%,你可千万不要小看它啊。大概有 2 800 多平方千米,大约是开发区占地面积的 20 倍呢。看来在经济高速发展的同时,千万不能忘了保护环境。

五、全课小结

师:今天这节课我们走进了百分数的世界,打开百分数的大门,一个更加精彩的世界必将展现在我们的眼前。用学到的百分数知识说说这节课的感受。最后老师送大家一句名言,与大家共勉。天才是99%的汗水加上1%的灵感。

师:其实一个人的收获不仅来自于1%的灵感,更重要的是来自于99%的汗水。如果你们每节课都能有一点收获,日积月累,相信你们100%都能获得成功。

教学评析:

新颁布的《数学课程标准》从两基改为四基,基础知识与基本技能既是学生发展的基础性目标,又是实现"数学思考""问题解决""情感态度"目标的载体。《认识百分数》是概念的教学,是非常重要的基础性知识教学的一堂课,如何在基础知识教学的同时发展学生的思维,严亚雄老师在课堂上给了我们很好的诠释。

一、构建有效的学习场,为发展学生的思维奠定心理基础。

卡内基慈善基金会北美执行人乔治·格鲁尼说,"积极的气场是一种类似彩虹的七彩光芒,非常绚烂,长期维持一种积极的气场,比整天揣在口袋里的印制精美的名片还重要。"在《认识百分数》教学中,严老师保持着一贯的对学生的亲和力,充分发挥自身的"人气场"对学生的引领作用,积极发挥共同体中人际关系"场"对学习的催化作用,发挥心理能量"场"对学生的激励作用,发挥信息交互"场"对学习的纠偏作用,为发展学生的思维奠定了心理基础。

二、重视了意义的建构,为发展学生的思维奠定思维基础。

在当今许多人在执教公开课时将教材抛得无影无踪,严老师既尊重了教材,又根据学生的实际,将例题改换成学生熟知的"数学口算能手比赛"这一情境,引领学生从"推荐谁作为比赛选手"这一现实问题出发,在解决问题的过程中,学生经历了这一过程。正因为学生经历了这一过程,下面一系列的教学设计,发展学生的思维才有了根基。

三、强化了与生活联系,为发展学生的思维奠定情感基础。

百分数与学生的生活息息相关,课堂中,严老师引用了学生生活中的许多百分数的实例,引导学生理解百分数的意义,并请学生课前收集了生活中的百分数在课堂上进行交流。这一方面可以帮助学生深入理解百分数的意义,一方面又可以使学生深切感受到数学就在身边,与自己的生活密不可分,从而可以激发学生对数学的热爱,提高学生探究数学知识的欲望,为发展学生的思维奠定良好的情感基础。

四、三维目标无痕整合,为发展学生的思维奠定融合基础。

一切思性的思考就必定带有情感的因素;同样,一切情感的流露,必定伴随着个体思性的思考。新课程强调"知识与技能、过程与方法、情感态度价值观"三维目标的整合,如何在课堂中践行?严老师在课堂中的两个实例给我留下了深刻印象。一是出示一组一个市小学、初中、高中生近视率的对比图,学生通过观察比较,加强百分数认识的同时,保护视力无须教师赘言便深入学生心田;二是在巩固练习阶段,严老师设计了我国土地面积正以每年0.03%的速度被沙漠化侵吞,并以学生熟知的开发区的面积作参考,说明我国面积的0.03%到底有多大,保护环境,人人有责在不言中已成为学生的共识。发展学生思维不是空洞的,三维目标的整合不是生硬地叠加,这样为发展学生的思维奠定了融合基础。

严老师的《认识百分数》是一堂好课。

商榷:

一、百分数意义的建构要基于句式,更要超越句式。

表示一个数是另一个数的百分之几的数叫做百分数。课堂中,严老师在让学生理解生活中具体百分数的时候,在屏幕上打出:( )与( )相比,这个百分数表示( )是( )的百分之几。这便于学生去理解具体百分数的意义,但对百分数意义的理解我们既要给学生一个模型即句式,但又不能拘泥于句式,这样才能真正为发展学生的思维着想。

二、进一步处理好学生主动学习与教师导学的关系。

学生是学习的主体,教师是学生学习的合作者、组织者、引导者。严老师在课堂上虽然放手让学生去理解、感悟百分数的意义,引导学生自行根据百分数的意义去解决生活中的一些实际问题,但在导的同时还时时有牵着学生走的痕迹。

三、数学课堂教学要简约,教学的设计要做"减法"。

百分数的意义并非本堂课一课的教学学生就能理解得非常透彻到位的,需要不断感悟内化。教学是慢的艺术,不可一蹴而就。因此,对教学设计中的一些环节,完全可以删减一部分,从而让学生对已有的内容有更多的时间去内化、感悟实现个体与个体的对话。

课例四 《认识公顷》

教学目标:

1. 学生知道常用的土地面积单位公顷;通过实际观察和推算,体会1

公顷的实际大小;知道 1 公顷 = 10 000 平方米,会进行简单的单位换算。

2. 引导学生经历观察、想象、发现、交流等丰富多彩的数学活动过程,并在这一过程中加深对"公顷"的认识,发展学生的空间观念和数学交流能力。

3. 学生能借助计算器,应用平面图形的面积公式和有关面积单位换算的知识解决一些简单的实际问题。学生学会从数学的角度认识世界、解释生活,逐步形成"数学地思维"的习惯。

4. 学生在学习活动中进一步体会数学与生活的联系,从而获得积极的情感体验,培养相互合作的能力。

教学重点:让学生认识"1 公顷",体会"1 公顷"的实际大小,了解平方米、公顷之间的进率。

教学难点:建立"1 公顷"的表象。

教学过程:

一、创设情境,引入"公顷"

师:这是一个边长为 1 厘米的正方形,它的面积是多少?

师:边长是 1 分米的正方形,面积是多少?边长是 1 米的正方形,面积又是多少呢?

师:平方厘米、平方分米、平方米是我们学过的面积单位。(电脑出示:平方厘米、平方分米、平方厘米)

师:在我们生活中,经常会与面积打交道。请你估计一下下面物体的面积大约有多大?

1. 一张银行卡的面积大约是 40(　　　)。
2. 数学书的封面面积大约是 2(　　　)。
3. 我们所在教室的面积大约是 50(　　　)。
4. 南通开发区实验小学东西校区的占地面积共 6(　　　)。

师:填写什么单位?为什么?

师:今天我们就来认识一个新的面积单位——公顷。(板书课题)

二、自主探究,认识"公顷"

(一)欣赏短片

南通是一座美丽的城市,素有"旅游之乡"美称。

1. 狼山风景名胜区是江苏省著名的六大风景区之一,面积 98.4 公顷。

2. 南通园博园位于狼山与马鞍山、黄泥山之间的长江边,占地达49公顷。

3. 南通滨江公园占地面积约25公顷。

4. 南通体育会展中心称为中国"南鸟巢",占地面积为40公顷。

师:为什么都用公顷作单位?你觉得还有哪里可以用公顷?

师:计算和测量土地面积时通常用公顷作面积单位。公顷可以用字母"hm^2"表示。

(二)认识"1公顷"的含义

师:你知道1公顷有多大吗?

师:1公顷到底有多大呢?请同学们在书上找一找、画一画、算一算。

(板书:(1) 边长100米的正方形土地占地面积是1公顷。

(2) 1公顷=10 000平方米)

师:说说你是怎么知道的?

(板书:100×100=10 000(平方米))

师:10 000平方米等于什么?30 000平方米呢?

三、结合实际,感悟"公顷"

(出示开发区实验小学西校区图)

师:这是卫星拍摄的地图,这儿是我们学校,(电脑出示)这一块约1公顷。课前老师带大家走了走。我们从学校西围墙外出发向北走100米,到北边大门,再从北边大门向东走100米到学校东围墙,再沿东围墙向南走100米到车棚南端,接着从车棚向西走100米回到起点。这样围成的是一个怎样的图形?

师:闭上眼睛想一想。我们学校有多大?

(出示学校旁边菜市场)

师:菜市场大约1公顷。

师:它是什么形状的?1公顷的土地可以是正方形,也可以是长方形和其他图形。

7个学生上来手拉手站成一排。

师:这7个同学手拉手的距离约为10米。想像一下4个这样的10米,28个同学围成的正方形面积有多大?(电脑出示图片)

师:多少个这样的正方形能拼成1公顷?(板书:10 000÷100=100(个))

师:闭上眼睛,想象一下 100 个边长是 10 米的正方形有多大。有什么感觉?看看我们的教室,有没有 1 公顷?

师:我们的教室面积大约是 50 平方米,算一算大约几个这样的教室面积是 1 公顷?

(出示学校新食堂的照片:学校食堂长 25 米,宽 20 米)

师:学校食堂的面积是多少平方米呢?算一算,大约几个这样的食堂面积是 1 公顷?

师:看来同学们对于 1 公顷有多大已经有了比较深的感受。接下来就请同学们估一估面积。(图片出示)

1. 开发区实验幼儿园
2. 开发区实验小学东校区(先比较东西校区卫星图)
3. 开发区广场

四、在对比中拓展对公顷的认识

(一)师:生活中我们经常要用公顷和平方米之间的关系来解决问题。你能口答出下面几题吗?你是怎么想的?

1. 天安门广场是世界上最大的城市广场,面积大约 400 000 平方米,合多少公顷?
2. 北京的故宫是世界上最大的宫殿,占地面积约 72 公顷,合多少平方米?

师:对于这两个世界之最,你喜欢选择哪个作为他们的面积单位呢?为什么?

(二)算一算:

1. 开发区世外桃园休闲农庄平行四边形菜园的面积。
2. 求长方形果园的底。

(三)关于公顷的其他知识。

师:1 公顷的森林一年能滞尘 32 吨。1 公顷的湿地一天能释放氧气 600 千克,吸收二氧化碳 900 千克。1 公顷的绿色在夏天相当于 189 台空调机全天的制冷效果。种地能手 1 公顷收玉米 30 000 多斤。

师:听了这些数据,你有什么想法?

五、前后呼应,拓展留疑

师:这节课我们认识了新的面积单位公顷,通过这节课的学习,你有什么收获？

师：那有谁知道我们祖国的领土面积大约是多少吗？

（板书：960 000 000公顷）

师：你觉得我们祖国的领土面积用公顷作单位合适吗？

师：计算和测量土地的面积，其实还有更大的单位，这就是同学们下节课所要讨论的问题。

教学评析：

我有幸来到灵动秀丽的江海小学参加季春华名师工作室子团队研讨活动。活动期间，既能近距离观摩到四位老师精彩的课堂演绎又能聆听到众多专家各自教学思想的深邃解读，真是受益匪浅。接下来，我就严亚雄老师的《认识公顷》谈一点学习体会。

一、关注和利用学生的已有知识。

应该说，学生对1公顷的占地面积缺乏明确的感知与了解。因此，严老师从学生已有的旧知"平方厘米、平方分米、平方米"引入，通过对已学过的面积单位的复习，勾起学生的回忆，建立起知识的链接点，并通过修改教材内容（将"公顷"改为"平方米"），从而引发学生的认知冲突，唤起学生学习新的面积单位的知识需要，从而切入课题。

二、把学习的主动权还给学生。

课标指出，"数学教学过程是师生交往、互动与共同发展的过程。学生是学习的主人，教师是学生学习的组织者、引导者和合作者。"在认知"公顷"时，严老师放手让学生自主合作探究，在学生主动探求新知的过程中，只是起着设疑、激趣、点拨、解惑的作用，而学生在教师的循循善诱、春风化雨之下，很快就认识到1公顷就是边长为100米的正方形土地的面积。但这只是初步的感知，为了让学生更深刻直接地在学习中意识到1公顷有多大，严老师从学生熟悉的学校操场、学校、教室、家乡及祖国的著名景点等场所的占地面积出发，让学生把它们的面积与1公顷比一比。学生在比较中发现大约要200个自己的教室或者3个我们学校的操场合起来才有1公顷，学校占地面积有1.5公顷。这样学生就在自己的计算与比较中体会到1公顷确实是很大的。公顷是用来计量大面积的面积单位。通过学生主动地去想象、尝试、发现、思考和归结，比较深刻地体会了1公顷的实际大小，建立1公顷的正确表象，发展了空间观念。

三、充分关注知识体系的完整性。

公顷是面积单位中的一员,在教学过程中,教师将此理念贯穿始终,通过"公顷"与已学面积单位的比较,以及相互之间的换算等活动,使学生深刻体会到数学知识之间的密切联系。

纵观本课教学,"公顷"这个概念在被学生感受、类比、迁移中不断建构。在这一过程中学生的生活经验被逐步唤醒,思维之弦被拨动,学生逐步构建和生成着自己对公顷的理解。可以说,严老师的《认识公顷》是一节灵动而秀丽、扎实而高效的优质示范课。

第三章　情思并重　本色诉求

第一节　用体验诠释数学课堂
——《平移和旋转》课例分析

一、课前认识

《平移和旋转》是依据《全日制义务教育数学课程标准（实验稿）》的要求，在小学数学里新增加的教学内容。平移和旋转是物体或图形在空间变化位置的方式，认识平移和旋转对发展空间观念有重要的作用。平移与旋转这两种现象是生活中比较常见的几何现象，应该说是培养学生空间观念的一个很重要的内容。三年级学生在生活中见到很多平移和旋转的运动现象，在他们的头脑中已有比较感性的平移和旋转意识，受生活经验的限制，对于好多现象的判断还有些模糊，更无法想象，不能透过现象用数学的眼光来抓住运动方式的本质。课程标准不要求对这两个概念进行定义，更不需要学生去背诵结论性语句，只要求学生紧密联系生活实际去感知这些现象。

课本中列举的火车、电梯、缆车的运动和风扇叶片、直升飞机的螺旋桨、钟面上指针的运动。虽然都是学生比较熟悉的，但让三年级的学生根据画面想象出实际状态，并通过这些物体的运动，初步体会生活里的平移和旋转现象，达到对物体平移、旋转的感性认识，还有一定的难度。另外，本课的教学重点之一是观察图形向什么方向平移了几格，用定性描述和定量刻画相结合的方式描述图形的平移。在常规教学手段下，学生很难理解平移了几格，也容易缺乏探索的积极性，很容易陷入被动学习状态，也难以完成本课教学重难点——在方格纸上正确画出平移后的简单图形。

二、教学过程及设计意图

（一）暖身活动，激发学习兴趣

上课之前，教师请学生欣赏歌曲。老师面带笑容地对学生说："同学们，咱们先来听一首熟悉的歌曲吧！"电脑动画播放歌曲《数鸭子》，老师热情地和学生一起合唱。接下来，师生共同边拍手边歌唱。课堂气氛开始活跃起来。每位学生都很兴奋，很投入，孩子们的脸上露出了开心的笑容。老师接着说："听完这首轻松有趣的歌曲，老师的心情特别愉快。同学们，你们开心吗？"同学们响亮的回答说出了心中的喜悦。老师接着说："那就让咱们带着这份轻松愉快的心情走进今天的数学课堂吧！"

设计意图：暖身环节，由熟悉的歌曲进入新课，能把学生的注意力从课外集中到课堂中，再加上教师亲切激励的语言，激发了学生的兴趣，使学生带着轻松愉快的心情开始学习。

（二）引入平移和旋转

这是课的导入部分，通过观看同学们上学时的录像，实现体验学习圈的具体体验环节；接着请同学反思观察刚才看到的内容，由此抽象概括出"这是小朋友早上上学时的一段录像，有的小朋友是自己走到学校的，有的小朋友是家长骑自行车送来的。"最后行动应用，请学生回忆"平时你们是怎么到学校的呢？""生活中你还见过哪些物体是在运动呢？"至此，完成了本课的第一轮体验学习圈。

设计意图：学习者要进行体验自然离不开情境的创设。情境既可以是真实的，也可以是虚拟的。只要是能够充分地调动学习者的多种感官、激发学习者的情感、并与学习者的体验息息相关就可以了。上学时的情景，是孩子们所熟悉的。当它以录像的形式呈现在孩子们面前，学生的目光将会被牢牢地吸引，这样会让他们对物体运动方式的变化产生浓厚的学习兴趣。然而，单纯的感知显然不是教者的意图。通过领悟获得对人类社会有其他更重要的价值知识。所以，接下来的反思观察和行动应用就显得顺理成章了。

（三）感知平移和旋转现象

具体感知部分，老师首先提出要求，"仔细观察它们是怎么运动的，你可以一边看，一边跟着做动作"。接着依次出示 6 个运动的画面（窗户、钟面上的指针、缆车、摩天轮、电梯、直升飞机的螺旋桨），老师在前面示范动作，让学生跟着一起做动作。这样，新一轮的具体体验环节就实现了。接着请学生反思观察"他们的运动方式相同吗？"然后再请小组讨论"怎样根据它们不同的运动方式，把这些运动分成两类，为什么这样分？"在行动应用环节让学生回忆"生活中你还见过哪些平移或旋转的现象呢？"学生的答案很多，有电风扇扇叶的转动、呼啦圈的转动、汽车车身和车轮的运动等。至此，完成了本课的第二轮体验学习圈。

接着进行第三轮体验学习圈。具体体验环节请同学闭眼想一想平移和旋转运动是怎样的，接着请同学做动作，"用无声的语言告诉大家怎样是平移，怎样是旋转？"学生兴奋地舞弄着小手，有做移门状的，有正在画圈的，有做小火车前进状的，也有整个人转圈的，孩子们忙得不亦乐乎。反思观察环节请同学说"做平移运动和旋转运动时你的感觉有什么不同？"有同学说："做平移运动时感到很轻松，而做旋转运动时感到有些累。"也有同学说："做旋转运动时头有些晕。"还有同学说："做旋转运动时手好象要挣扎出身体一样。"学生们的回答精彩纷呈。接下来就是行动应用环节——用手势表示平移或旋转现象。孩子们快速做出了反应。老师适当的、鼓励性的评语也让孩子们感到成功的喜悦。

设计意图：平移和旋转是发生在学生身边的常见的数学现象，但没有被他们所认识。所以要使学生建立平移与旋转的数学表象，就要把生活中典型的平移和旋转现象引入课堂，让他们身临其境，再次经历生活中的这些现象。因此，教学中将学生日常生活中熟悉的情境制作成动画形式，使数学课与生活一下子拉近。当教师请学生用动作表示它们是怎么运动时，学生的积极性马上被调动起来，在动手活动的过程中学会区分平移、旋转两种不同的运动方式。这样设计的目的是使学生通过生活中的具体实例来感知平移和旋转现象，从而获得亲身体验。

接下来请学生闭眼想像和用肢体语言表示平移和旋转，以及说出自己的感受。表象来源于体验，建立数学表象离不开学生的体验活动。在学生亲身体验的基础上让学生闭上眼睛想一想什么是平移，什么是旋转，学生自然会在脑中形成平移和旋转的数学表象。学生的数学学习从直观到抽象。让学生用肢体语言表示平移和旋转现象，学生就会把脑中形成的表象化为行动从而作出正确的表达。虽然学生做的动作并不一定是真正的平移或旋转现象，但学生表达的是一种自我的理解。孩子们那充满童趣的个性化的理解和表达,为深入感知平移和旋转奠定了基础。

(四)研究平移现象

1. 判断平移的方向和距离

有了前面对平移现象的感知,这一轮的具体体验环节以小河里几条小金鱼的游动为主;请同学重点观察红金鱼平移的过程,通过指一指、数一数等环节抽象概括出"红金鱼身上的每个点、每个部分都向左平移了7格。这样,我们就可以说金鱼图向左平移了7格。"在此过程中,老师热情地鼓励学生当神气的小老师,并配合奖励的实施,学生的情绪高涨。最后再请同学在作业纸上数数填填小房图和火箭图,从而完成行动应用环节。

2. 画平移后的图形

老师请同学们画出三角形向右平移6格后的图形。在这个具体体验阶段,教师适时进行指导,并要求画完的同学用一个箭头表示平移的方向。接着请同学们在小组里讨论刚才是如何画的。反思观察环节请孩子在实物投影仪前介绍自己的画法,老师及时进行鼓励和点拨。抽象概括环节请同学们一起看电脑中两个小朋友的画法。最后请大家选一种自己喜欢的方法画出平行四边形向下平移5格后的图形。

设计意图:平移距离是本课教学的一个难点,这个教学内容本身就是活动的,必须动手操作、观察体验、建立模型。教学时让学生动手实践,选取金鱼图上的某个点猜一猜、数一数、指一指,在具体操作中理解平移的距离。从具体体验到抽象概括,在本质上是一个发现学习的过程。通过自主探索和讨论交流,学生对图形在方格纸上平移的方向和距离有了动态的、丰富的表象积累,在获得知识和技能的同时,也获得了积极的情感体验。当小老师的激情和奖品的刺激,不仅激发了学生的学习兴趣,也让学生有了更完善的思维训练和感知体验,数学能力也得到进一步的提高。接下来的画平移后的图形,学生再次感悟平移现象,体验平移含义。

(五)全课总结,课外延伸

在全课总结阶段,教师和学生一起回忆本课学习内容,同时将课题补充完整。反思观察环节让学生欣赏平移和旋转在生活中广泛应用的动态图片,同时介绍上海音乐厅整体平移的情况。最后的行为应用环节,引导学生到生活中寻找或从网上了解更多关于平移和旋转的知识。

设计意图:由于有了近一节课对于平移和旋转特征的具体体验,课堂的最后环节让学生欣赏生活中的平移和旋转现象,再引导学生从生活中寻找或从网上了解关于平移动和旋转的知识,使学生产生"弦已尽,意未绝"的感觉。

三、课例反思

课堂教学是实现体验学习的载体。本课以学生的生活经验为切入口,通过创设一个又一个体验学习圈,引导学生动手操作,充分参与,互相合作,在亲身体验中感悟平移和旋转。

1. 体验学习是作为一个学习的过程,而不是结果

《全日制义务教育数学课程标准(实验稿)》明确指出:"义务教育的数学课程,其基本出发点是促进学生全面、持续、和谐地发展。它不仅要考虑数学自身的特点,更应遵循学生学习数学的心理规律,强调从学生已有的生活经验出发,让学生亲身经历将实际问题抽象成数学模型并进行解释与应用的过程,进而使学生获得对数学理解的同时,在思维能力、情感态度与价值观等方面得到进步和发展。"由此可见,学生要发展,就必须体验学习的过程。获得体验的过程不仅仅是知识的获取,更积极的意义在于这是一种生命的历程,一种生活的体验。本课教学中先采用学生上学时的一段录像,再出示学生日常生活中经常见到的事物:缆车、升降电梯、火车、钟摆、摩天轮、螺旋桨等,引导学生进行观察、比较、分类,初步感知平移、旋转现象,接着让学生找一找身边的平移、旋转现象,体现知识从生活当中来,又回到生活当中去,加强了数学与生活的联系,使数学学习与生活一体化。学生作为一个个的学习个体,在这样的过程中学会了知识,对平移和旋转也有了较深的感知。

2. 体验学习是以体验为基础的持续过程

体验学习理论认为,所有的学习都是重新学习,每个人都是带着或多或少的知识积累进入每一个学习情景的。有一千个读者就有一千个哈姆雷特,由于学生的知识经验、认识角度、思维方式、个体信念不同,即使是相同的学习内容、学习过程、学习环境,其学习的感受、体验也是不一样的。每个人在学习过程中对所学习的内容都有独特的认识与理解,这就是学生学习体验的差异。本课教学中,我充分尊重学生学习体验的差异,引导学生用肢体语言表示平移、旋转现象,充分调动学生手、脑、眼、耳、口等多种感官参与学习活动,借助组织学习交流活动,使每个学生都能在学习交流中得到不断

地完善与发展。

3. 体验学习是个体与环境之间连续不断地交互作用的过程

平移距离是本课教学的一个难点,有的学生会误认为两个图形中间空了几格就是平移了几格,针对这种情况,我创设了小金鱼游动的动画,请同学当小老师到前面带大家进行数一数等活动。通过数红金鱼身上的某一个点来数出平移的格数,使学生明白红金鱼身上的每个点、每个部分都向左平移了7格。学生在活动化的情景中学习,获得一种积极的自我指导,不仅解决了数学知识的高度抽象性和儿童思维发展具体形象性的矛盾,而且使学生主动参与,积极探究,对平移、旋转现象有了深刻的理解。

4. 体验学习是一个创造知识的过程

本课教学的最后一个层次是欣赏生活中的平移和旋转现象,通过动画演示应用平移、旋转构成的美丽图案,激发学生爱数学、发现美的情感,从而初步体验应用几何变换设计图案的美妙与乐趣,培养学生运用数学去创造美的意识。

应该说,接触体验学习已有一年多时间,我对于体验学习也有了一定的认识。但是在数学课堂上如何实施体验学习还是有很多困惑。纵观整节课,刻意寻求体验学习圈的确定的痕迹比较明显,不能给人非常明晰的表达。今后的教学中,我要更加关注知识的内在联系,深刻领会体验学习的精髓,突破教材的束缚,可以尝试将教学内容重新组合。

第二节 打造一个情思共融的数学课堂
——《解决问题的策略——转化》课例分析

一、课前认识

工作室开展课堂教学研讨活动,从接到任务到决定课题,我一直处于深深地思考中。

小海小学周浩老师得知我准备执教的课题是苏教版的"亮点工程"——解决问题的策略(转化)时对我说:"你在对自己发起挑战啊!"最初接触转化策略,我和孩子们一样也感觉转化的世界充满神奇,它让看似困难的题目柳暗花明。我曾一度认为这个课题离我们相当遥远,对孩子们来说更显高深莫测,其间蕴含的数学知识与技巧十分深奥。然而,当我沉下心来深入钻研,竟然发现,转化只是一种常见的解决问题的策略,我们已经无数次和它打过交道,只是没有给它安个名字罢了。

另外对于方法和策略的关系问题也是大家普遍关注的。目前,小学数学界普遍认为,策略相对方法而言,属于上位知识。有人认为,关于方法的知识才是重要的知识,那我们是不是可以这样认为:关于策略的教学才是最重要的教学?然而,著名学习心理学家加涅指出,学生能否解决问题,既取决于是否掌握有关的规则(即方法),也取决于学生控制自己内部思维过程的策略。对此,我深以为然。就是说,方法和策略是解决同一问题过程中的两个方面,我们在学习和掌握解决问题的某个方法的同时,也就逐步了解和形成了解决问题的策略。或者可以这样说,策略与方法就如一枚硬币的两面,我们能很清楚地看出它们明显的差异,但是,你能仅仅拿开硬币其中的一面同时仍然保持这枚硬币的完整性吗?答案是显而易见的。

其实,关于解决问题的策略已经越来越受到一线教师甚至是专家学者关注,人们对它的研究已相当深入。那么,我的教学优势在哪里?我认为学生获得相关的数学知识已不是我教学的主要目标,更高的价值追求应是学生在获得方法时的领悟、思想得以启迪和精神得到熏陶时的心灵快乐。通过课堂对数学学科产生的热爱,学生内心深处逐渐长大的理性的种子,同时拥有一个数学思维的大脑,一种理性、审慎、科学地看待问题的态度。

综合以上分析及目前我正在研究的《基于库伯体验理论下的情思数学课堂研究》课题,我决定在本课教学中注重探究方法的及时提取和运用,让学生在不断的具体体验中逐步反思观察、抽象概括,从而自觉地运用和迁移。预设时更加重视策略与方法这两者的联系,让情感在理性味十足的数学课堂得以流淌,让思维在情趣化的问题教学中得以发散。

二、教学设计及设计意图

(一)课前热身,预伏"转化"

1. 脑筋急转弯

师:同学们,上课之前,咱们先来玩个游戏。看,屏幕上是什么?(课件出示:一头牛的图片)

师：你知道一头牛有几只眼睛？几条腿？几条尾巴？喂什么？（为什么？）

师：到底"喂什么？"呢，看看问题你一定清楚了！（出示：喂什么？）

预设：孩子们会笑。

师：你怎么笑了？

2. 猜字谜游戏：72小时，猜一字。

生讨论后交流谜底，师：你是怎么想到谜底的？

师根据学生的回答，指出在这个过程中同学们用到了一个重要的策略——转化。

师：接下来的40分钟就让我们一起走进转化的世界，去领略转化的神奇，好吗？

设计意图：热身运动，目的是根据学生已有的知识背景，激起学生学习的热情，调动学习的兴趣。除此之外，我更关注的是，通过几个看似随意的问题，将原有知识进行了必要的提升，与本节课所要学习的转化策略进行有效衔接，可将学生的注意力集中到转化策略的应用规则上来。

(二)具体体验，感悟"转化"

1. 初次体验

(出示：方格图中的长方形，长占5格，宽占3格；正方形，边长占4格)

师：同学们看，这里有两个图形。你能想办法比出它们的大小吗？

预设：目测法；数方格。

师：咱们××小学六（×）班的同学能用不同的策略解决同一个问题，真聪明！

2. 再次体验

再出示图片

师：这里还有两个特殊的平面图形，你能一眼看出它们谁大谁小吗？

师：这样吧，咱们先来估计一下，谁的面积大？

师：估计得对不对呢，下面请拿出练习纸用自己的方法验证。

师：你可以动笔画一画，动手剪一剪，也可以和小组内的同学交流自己的想法。

展示学生方法。（投影展示）

师：通过自己的动手实践，同学们都有了答案。我们一起来看看这位同

学的思考。(可以让学生自己介绍,也可以先让其余学生看)

师:你能看得懂他的想法吗?你来说说。

师:现在一下子能看出它们的面积是——相等的。

师:猜对了的同学笑一笑!你们可真有眼力!

3.反思观察

师:刚才同学们把复杂的图形转化为我们熟悉的长方形,再求面积就简单多了。让我们再来看一下动画演示。

配合演示时提示或提问:

(1)在数学上这叫图形的平移,这叫图形的旋转,通过平移和旋转将原来的图形都转化成了长方形。(板书:形→形)

(2)师:这样转化可以吗?有什么道理呢?

师:转化成的长方形与原来的图形相比形状变了,但面积不变。

师:既然转化后两个长方形的面积相等,那么原来两个图形面积相等。

(3)师:刚才大家怎么会想到转化的呢?这样转化有什么好处?(出示转化前后的图片)

师:原图比较复杂,转化后的图形容易计算面积,比较简单。(板书:复杂→简单)

(4)揭示课题:看来,转化确实是解决问题的一个好策略。(出示课题:解决问题的策略)

设计意图:通过例1的教学让学生联系实际感悟转化的价值,原来两个不规则的复杂的图形经过等积变形后,可以转化为规则的长方形,再比较大小就变得简单多了。孩子们体会到无论过去还是现在,转化都是解决问题的有效方法。课堂中,通过恰到好处的评价、请孩子上台讲解以及适时地鼓励等师生互动让孩子感到数学的魅力,不断给孩子的数学学习营造一份美好快乐的气氛。

(三)抽象概括,体会价值

师:其实在我们小学阶段的数学学习中,就常常用到转化的策略,比如说一些图形面积或体积公式的推导,能举例说一说吗?

根据学生的回答相继出现平行四边形、三角形、圆、圆柱等图形的面积或体积推导图示。

师:这样的例子还真不少,这些转化的过程有什么共同特点?为什么要转化?

交流小结:这些知识都是没学过的新知识,我们把它们转化成学过的知识,从而解决问题。(板书:未知→已知)

设计意图:通过学生对图形面积、体积公式推导过程的回顾,让学生充分感知,再通过适时的动态回放,逐渐提高学生对以往知识的感知深度,从平行四边形、三角形、圆的"变化"中自然提升出"转化"的概念,从而很好地建立起新旧知识之间的联系,感受转化策略应用的广泛性。

(四)再次体验,深化认识

师:其实数学学习就是一个不断学会转化的过程,不仅在图形的世界里常常应用转化的策略,在其他领域也经常用到。

1. 出示计算题

出示计算过程。(小数乘法转化成整数乘法,分数除法转化成分数乘法,异分母分数相加转化为同分母分数相加以及简便运算中的转化等。)

2. 出示另一道计算题

出示:1/2+1/4+1/8+1/16

师:观察算式,你准备怎样计算?通分?

师:通分是数与数的转化。(板书:数→数)

师:其实,如果将这个算式转化为图形,就更有趣啦!(逐步出示图形,表示算式)

师:现在图中的哪部分就表示这四个数的和?结合图形,可以把这个算式转化成怎样的算式计算?

师:1和1/16分别表示什么?回忆整个解题过程,我们用到了什么策略?是怎样转化的?(板书:数→形)

3. 创造算式

师:本来算加法,比较复杂;转化后,算减法,比较简单。所有的分数加法都能这样转化吗?这些加数有什么特征?同学们,你能创造出一个像这样的算式吗?

师:数形结合确实有助于思考,可以帮助我们想到合理的转化方法。著名数学家华罗庚就说过:"数形结合百般好,隔离分家万事休"。(出示)

设计意图:其实学生在以往的计算学习过程中,就已不自觉地应用了转化策略,这些都是感悟策略的宝贵资源。通过回忆,提取学生记忆中的诸多信息,再现当初解决问题的过程,把原来学过的内容进行了再次体验和升华,使孩子们深深地感受到,其实转化并不遥远也不神秘。为了帮助学生明确如何灵活使用"转化"这一策略,在教学中还突出了"数与形"的转化,以此来激发学生的策略意识,让学生真切感受到转化的价值,从而逐步形成用策略解决问题的心理倾向。

(五)行为应用,感受神奇

师:下面就让我们继续感受转化的神奇。

(出示练习题)

用分数表示各图中的涂色部分。

第一小题:通过旋转将零散的部分转化成了一个整体。

第二小题:通过平移将复杂的图形转化成了一个正方形。

师:除了图形的面积,在有关图形的周长问题上我们也要用转化的策略。

(出示练习题)

第一小题:1米表示的是哪部分的长度?你是怎样想的?平移的目的是什么?

第二小题:这个图形的周长在哪里?你是怎样想的?

师:解决了这些问题,现在你对转化的策略有怎样的体会?

设计意图:关于图形面积和周长的转化这两个习题,引导孩子们主动运用所学的转化策略去解决问题,体会转化的实际应用价值。希望在这个过程中孩子们能将转化的策略运用到极致,不仅会用,还能灵活选择合适的转化方法,从而切切实实体验到转化的魅力,完成从初步认识到主动应用的内化过程。

(六)实际应用,灵活"转化"

师:转化在数学学习中无处不在,那转化在实际生活中又有什么应用呢?

1.练习十四第一题。

师:大家知道,中国的足球事业得到很多人的关心。(出示题目)

师:谁来读题?怎样理解"单场淘汰制"?

动画画图示范,得出结论。

问:如果不画图,有更简便的方法吗?把产生一个冠军转化为什么?

追问:如果有 64 支球队参加比赛,产生冠军要比赛多少场?N 支呢?

2. 如何测量一张纸的厚度?(化少为多)

3. 如何测量一个不规则花圃的周长?(化曲为直)

4. 四本书选 3 本,有多少种不同的选法?选 3 本转化为留 1 本。

你准备用什么方法来做?列举。有没有更简便的方法?

设计意图:学以致用是教学的最终目的。随着学习的深入,学生所遇到的问题类型不断变换,然而解决这些问题的策略却始终如一。策略的学习回到实际应用中时,转化的具体方法也就逐渐清晰起来,学生对策略的运用越来越熟,对策略的理解也必然会越来越深,运用转化的策略解决问题的优越性也必然得到彰显。

(七)反思概括,提升策略

师:同学们,刚才我们一起度过了非常愉快的四十分钟,同学们的表现给严老师留下了非常深刻的印象。你能把你的快乐、收获及感悟和大家一同分享吗?

师:转化是我们解决数学问题中很重要,也是很常用的一种策略。匈牙利数学家路莎·彼得曾这样说过:"数学家们往往不对问题进行正面地攻击,而是不断地将它变形,直至把它转化为已经能够解决的问题。"(出示)

师:希望同学们今后在解决问题时都能善于运用转化策略,在数学中灵活地转化,在生活中快乐地转化!

设计意图:学生所形成的解决问题的策略从具体问题中来,对具体问题必然还存在着一定的依赖性。这里的反思概括是对解决问题策略的价值的一个再认识。超越具体问题的解法和结论,指向策略的形成,这正是解决问题的教学区别于传统应用题教学的本质所在。

三、课例反思

上完课后,工作室成员进行了热烈的研讨交流,我知道,大家给予我更多的是鼓励,是期盼。离理想中的"情思数学"还有一段距离,这才刚刚起步。

1. 要更充分地理解和尊重孩子,释放情感的力量

策略的内隐性极强,较之于以前学习的相对"具体"的策略来说,比较抽象。策略的抽象性决定了课堂容易枯燥乏味。同时,由于是公开课,听课环

境、授课老师等都发生了改变,孩子们难免会紧张。为了解决这个问题,我在课前安排了"脑筋急转弯"和"猜字谜"两个小游戏,这其实就是体验学习的第一个热身运动环节。小小游戏,其实是教者对儿童心理的准确把握,是对转化策略的前期预伏。当"喂什么"几个字出现在孩子们眼前,预设中的笑声如期出现。笑声中,紧张气氛开始消融,转化的神奇得以彰显。但因为游戏安排在课前,板书"转化"一词还是不够妥当,期待在后面的教学中能够改进。

转化的手段和具体方法与呈现的内容和问题的特点有关,也与学生的认知结构有关,它是多样而又灵活的。教学例1的图形转化时,充分考虑了学生的思维发展水平,首先请他们估计两个图形的大小,接着放手让学生去验证、理解,从而比较、感悟转化策略的优越性。他们有的在材料纸上画着,有的干脆用上了剪刀,最终他们从数学的角度这样回答分析问题:"左边一个图形上面的半圆向下平移5格转化为一个长方形,右边的图形左右两边的半圆分别旋转180度也转化为一个长方形。两个长方形所占格子一样多,因此面积相等。"这时,教师请猜对的同学笑一笑,课堂上扬起一张张自信的笑脸。正是在这样不断丰富解题策略的过程中,学生体会到了参与的快乐、思考的乐趣、成功的喜悦,情感得到了极大的满足,充分地感悟了转化的策略。

教学中,我坚持不惜时间让学生充分地表达和展示自己的思维过程。如在解决图形的等周变化一题时,如何运用转化策略将复杂的图形简单化是我们讨论的重点。一个孩子站在座位上想表达却无法说清楚,这时,我干脆请他到讲台上来,拿着教棒,边说边指,他很清楚地说出了他的想法。当他自信地走下讲台,相信他收获的不仅仅是知识。

2. 要更多地体验和感受策略,发展数学地思考

库伯教授在他的著作《体验学习——让体验成为学习和发现的源泉》一书中把学习看作是"结合了体验、感知、认知与行为四个方面整合统一的过程。"确实如此,策略的学习也不能直接简单地从外部输入,必须在实施过程中通过体验和感受等获得。如果仅仅停留在重复练习阶段,学生往往学会的只是简单的模式套用,一旦更换题型他们将手足无措,停留在原有经验水平的方法在解决不同实际问题时还常常会导致一些严重的错误,究其缘由就是没能形成策略的意识,没能进行准确地数学思考。

我们的教学过程应更多地展现学生思维的轨迹。教学中,我通过课件

呈现,使要解决的问题变得直观形象,充分调动学生已有的活动经验和数学现实,让形象思维得以展开,从而实现了策略的感性应用,同时也向抽象思维的过渡提供了有力的表象支撑,解决问题的策略在充分的体验感受中得以显现。例如,在解决"用分数表示阴影部分"时,很多孩子得出的结论不正确。此时,教师绝不能替代孩子的学习和思维,否则学生仍然只能是囫囵吞枣,无法领悟到策略的本质。老师要舍得花时间,让学生去解释去阐述自己的思维活动。当孩子说出是将阴影部分旋转时,课件适时演示旋转后的样子,孩子发现旋转后并不是正方形的边长,他开始了自主的反思。

反思的成果指引着思考前进的方向。随后,他们中有人开始考虑将其中两个直角三角形通过切割、旋转,使原来的图形转化为可以一下数出方格个数的图形,从而解决了问题。更有甚者,他们想出了不看阴影部分只看空白部分的办法,发现每两个空白的三角形正好可以组成一个长为3宽为1的长方形,因此,空白部分共占6格,那么阴影部分就是10格,这样也解决了问题。比较鉴别中,大家找到了解决问题的策略,感悟到换一个角度思考的好处。教学进行到这里,外显的策略才真正内化为学生的应用意识。

当我们站在策略的高度倾听孩子的体验和感受,我们才能逐步舍弃一些非本质特征,才能引导学生逐步抽象出符合水平的思维策略,进而使得策略有可能更广泛地应用。

附工作室成员评课:

(小海小学　周　浩)严老师旗帜鲜明地提出"情思数学"的教学主张,综观她执教的这一堂课,我认为,"情思数学"的主张在本堂课得到很好的体现。这主要体现在以下几个方面:

1. 绽放青春的笑容。整堂课从头到尾,严老师脸上总是洋溢着迷人的笑容,这不是因为今天上研究课,而是这已成为严老师的一种常规的教态。迷人的笑容,解除了学生的紧张心理,为增进师生之间的情感注入了催化剂。

2. 倾听拔节的声音。教育是"慢"的艺术。由于借班上课,再加上老师课前没有与学生有过接触,由于学生对新老师的信任度、教师教学风格上的差异等因素,一开始,按过去不太准确的说法,学生的"配合"跟不上。但严老师在课堂上从容镇定,耐心地等待,并适时地调整教学的策略,从而顺利地完成了本堂课既定的教学目标。这源于严老师对学生的一片情,耐心地倾听学生成长过程中拔节的声音,进而转化成学生对数学的一份爱,这样学生很快融入了严老师的"情思数学"课堂。

3. 徜徉思维的海洋。从课堂上我们领略到了学生灵活的数学思维,更领略到在严老师的引领下学生如何在思维的海洋里徜徉,亮点纷呈。

几点思考:

一、如何在方法与策略之间寻找到一种平衡

沈重予老师曾指出:"方法一般具有行为特征,有操作的成分,而策略比方法上位,是组织和开展行动的方针,能有效地使用指导方法。"方法可以从内部输入,而策略只能从内部滋生,我们可以通过讲解、示范、模仿,把方法教给学生,但无法代替他们形成策略。学生"转化"策略的形成,不是教师不时地在课堂上通过"你们刚才运用了什么样的策略"得以强化的。以下几点待与严老师商榷:

1. 预伏宜真正预伏。严老师教学设计的第一个环节是"课前热身,预伏转化"。游戏结束以后,教师说,刚才的游戏中使用了转化的策略,接下来,让我们去领略转化的神奇。从课堂的实际效果看,游戏中预伏"转化"的策略不明显;而作为一种预伏,个人认为还是真正预伏为好,是否揭示策略的名称值得商榷。

2. 在课堂的第二个环节"具体体验,感悟转化"中,第一个层次"初次体验"的内容不明确,好像体验的不是"转化"策略,而是一种"策略的多样化";并且目测法、数方格法,尤其是重叠法的提出都比较牵强。

3. 用转化的方法计算"$1/2+1/4+1/8+1/16$"这是本堂课的难点之一。在拓展阶段,严老师让学生们计算"$1/2+1/4+1/8+1/16+1/32+1/64+\cdots\cdots+1/1024$"之后,问学生,在计算这道题的时候在想什么,并引导学生说出"想图形"。从自身学习的经历看,在计算这一道题时,我更多的是想的规律,可以说从没有想到图形。我们只不过借助图形实现了"式"与"式"之间的转化。

二、如何将"备学生"真正落实到实处

要实施有效教学,打造高效课堂,必须"备教材、备学生、备教法",这已成为大家的共识。一位教育心理学家曾说:"如果要把众多的教育学原理概括成一句话,那就是,学生已经掌握了什么。"对一般的老师来讲,"备学生"是看似简单但往往又是难以做到位的事情。对借班上课的老师来讲,如何在预案中各个环节考虑多种可能的情况,在课件中链接不同的方案,适时、适度地调整课堂教学,从而真正把建设高效课堂落实到实处,这是一个需要研究的问题。

三、如何在板书时关注学生

板书作为一种微型的教案、教学的脉络受到大家的重视。问题是教师板书时,如何关注学生。我们可以在教师板书时引导学生把刚才的过程回忆一下,或者让学生与老师一起来书写,把关注学生落实到教学的每一个环节。

四、如何及时反馈学生学习的信息,将课堂补差真正落实到实处

信息论启迪我们,课堂教学实为一个开放的系统,是师生之间信息传递与反馈不断循环往复的过程。课堂上教师要根据学生学习反馈的信息不断调整自己教学的节奏、密度,从而将有效教学真正落实到实处。反馈学生学习的信息,我们除了用"做对的请举手"等方式外,还可以请同座的同学互批,然后仍然由同座的同学反馈信息。"如果你的同座练习正确(错误)请你把手举起来",这样教师即可得到全班同学练习的反馈信息,从而可以适时进行调控,将课内补差落实到实处。

瑕不掩玉,严老师执教的《转化》是一堂体现"情思数学"主张的好课。

(天星湖中学 黄利萍)听完严亚雄执教的《解决问题的策略——转化》这一课后,用董江垂老师的话来概括此节课教学的成功之处:"对传统教学设计的悄然反叛,对学生主体地位的实际承认,对教师主导作用的尽责坚持。"感触最深的是对教材人文化的积极实践。

1. 重视把教材的处理转化为教师的个体行为

数学是一门结构严谨,逻辑严密,内容丰富的工具学科,但它精炼的定义,具有丰富内涵的公式呈现在书本上却是枯燥的条文。如果教师照本宣科,生搬硬套,必然会导致学生厌学,教师厌教,因此,教师必须将教材的思想转化为自己的思想,将教材的内容转化为自己的感受和体会,将自己的所思所想,通过课堂教学这一途径传授给学生。严老师在本课教学中深刻理解教材,将教材变活。教学中,在教材的处理上,首先通过"脑筋急转弯"和"猜字谜游戏"把学生带进了"转化的世界",并带领学生一起去领略转化的神奇。接着设计了"具体体验,感悟转化"这个环节,通过初次体验、再次体验、反思观察,而后揭示课题。这种设计改变了传统的教学模式,让学生在体验、反思中自然而然地转到了本节课的课题上来。之后,严老师设计了"抽象概括,体会价值"这一环节,新旧知识结合,把未知转化到已知,从而让学生体会到学习数学知识的价值,"再次体验,深化知识"和"行为应用,感受

神奇"这两个环节,立刻使教材内容丰富起来,调动了学生学习的积极性。严老师能够透彻地理解教材,课堂结构严谨而且环环相扣,并将教材内容蕴藏于她的系统教学设计中。

2. 重视传授知识,训练思维和培养能力

本节课教学中,严老师从生活中和学过的教材中挖掘内容,并设计了相关问题来突破本节课的重难点即感受"转化"策略的价值,能用"转化"的策略解决问题。严老师设计的问题有梯度,有一定的层次感,学生比较容易接受,学生在寻求解决问题的过程中不知不觉地实现了师生知识内容的转化。另外,教师在教学中思路非常清晰,学生顺延教师的思维,使自己的思维得到了训练。学生在思维训练中发现问题和解决问题的能力有了进一步的提高,教师适时进行引导,达到了训练思维、培养能力的目的。

3. 适时使用现代化教学手段

现代化教学手段是学生学习数学和培养解决问题能力的一种强有力的工具,但是,它不能取代学生的思考。严老师在课堂上课件的使用,是在学生自己充分探索、充分思考的基础上展现出来的,目的是使学生的探索活动直观的呈现出来。这样,有利于学生进行观察思考,使学生更加乐意投入到探索性的教学活动中。

总之,严老师能深入到学生身边的实际生活中,运用大量的数学现象汇编成数学问题。在教学中,教师主动引导学生去观察、去发现、去提问题,并用数学知识加以解释和解决,培养了学生数学应用能力。

(实验幼儿园　杨蓉)很感谢严老师为我们带来一堂精彩的情思课堂,既体现了她如清风细雨般极富亲和力的教学风格,又为学生们送上了一道精美的思维营养餐。纵观本课,严老师的教学体现了以下几个特点:

一、步步显用心

这节课,严老师设计了课前热身、具体体验、抽象概括、再次体验、行为应用、实际应用、反思概括七个环节,可谓步步为营,步步用心。课上,严老师没有过多的说教,学生的思维在活动中一步一步深入,策略在体验中一步一步形成。

1. 创设情境,引出"转化"。活动开始,严老师运用游戏情境、幽默的问答等情境预伏"转化"。这样学生的兴趣之门主动开启,学习兴趣也应然而生。

2. 例题教学,感悟"转化"。问题是数学的心脏,提高学生解决问题的能力离不开例题教学。严老师选取了有代表性的典型数学问题进行解疑，如："比比长方形和正方形的面积""估计两个特殊的平面图形谁大谁小？"学生的想法丰富多样，然而有些想法是不完善的，甚至是错误的，老师没有直接告诉学生对与错，而是通过课件演示让学生讲述思路，在展示思路和分析的过程中，学生的问题迎刃而解，学生也感悟了转化可以用来解决肉眼难以判断的一些问题。

3. 举例回顾，体会"转化"的价值。严老师在"抽象概括、体会价值"这一环节中，让学生联系自己在小学阶段的数学学习中用到转化策略的例子。让学生回顾曾经运用转化的策略解决过哪些问题，让学生体验这种策略运用的广泛性，并发现转化最大的好处就在于把未知转化为已知、把复杂的问题转化为简单的问题。

二、处处见情思

季主任常评价"严亚雄是天生做老师的料"。我们同为工作室的成员之间相处总是那么愉悦，她好听的声音，幽默的谈吐，动如脱兔的样子，让我们的心底也为之荡漾。课堂上的她，优雅而不失活力，青春而不失成熟，轻松俏皮的话语总是让孩子们欢喜让我们欣赏。她无论课内课外都会去尊重、研究我们的教学对象——学生。她听课后总是跑到学生面前，问他们是否喜爱这节课及上课的老师。课上，她鼓励学生按照自己喜欢的方式去学习，促进学生富有个性地、生动活泼地学习。本节课，她与学生碰撞的是思维，与学生交流的是情感。当学生不会回答或答错时，她总是耐心地鼓励他们，给予学生心理上的呵护，体现了她的爱生之情及对学生心灵上的尊重。

她是敢于放手让学生去自主学习的老师。严老师让学生一次又一次地在观察、猜测、验证、推理、交流等活动中，有机会经历"数学化"，获得"转化"的数学思想和具体方法，这个过程其实就是学生学习数学的重要目的。本课中她给学生自主探索的时间、空间，让他们主动去探究转化的方法，突显内容的情趣化和注重思维的广度和深度，激起了学生思维的热情。在探索过程中，她鼓励学生大胆发表自己的意见，并交流与分享，充分调动了学生学习数学的积极性、主动性和创造性。例如让学生通过尝试，发现可以用通分的方法进行计算，而通分的方法其实也是一种转化：把异分母分数转化为同分母分数；还可以用数的拆分进行数的转化，又可以借助图形来理解，用数与形的相互转化来解决问题。这样的教学引发了学生学习的好奇探究的心理，给他们带来了愉悦的心情，从而引起学生对新异刺激的不断探究反应,挖掘了学生的内在潜能。

可以说,严老师真正起到了组织者、引导者、合作者的作用,课堂的主角是学生。学生的每句精彩回答,都能得到老师积极地回应。老师的提问注意思维的广度、深度。教学中老师能做到尊重学生差异,不同层次的学生选择不同的提问。对学生的不同解法,老师更多的是鼓励与期待,真正做到因材施教,促进学生智力因素与非智力因素的发展,体现了人文精神。

我们常说教学是一门遗憾的艺术。这节课也留有一点小小的遗憾。数学的价值在于解决生活中的问题,所以数学要立足于生活,并回归生活。作为教师,做到让学生用掌握的数学知识来解决数学问题尤为重要。我个人认为教学设计中可以多一些生活中(尤其是学生生活实际)要用到的转化策略的情境,如小到货币的转化等。

第三节 小先生制
——走向内化的生本课堂教学模式的构想与实践

一、纪实:一节成功的课例

周五,接教研室领导通知,下周一要来听课,执教指定课题《圆的认识》。怎样让孩子在这节课中不仅能学到知识,更能有所发展?我尝试采用"小先生制"的生本课堂教学模式,将学生请上讲台,让学生真正成为课堂的主体,真正体现"学为主体"的教育教学原则。

利用双休日时间,我请全班推举出的四名小老师(黄磊、叶佳峰、高凌峰、赵晗奕)和我共同备课、试讲。整节课由四名小老师分别讲解,教学取得了预期效果。不仅展示了小老师的风采,更体现了全班同学的精彩!

片段1:黄磊小老师联系生活,诱发学习动机

黄磊:同学们,我们曾经在美丽的图形王国里探寻过很多图形的奥秘,说说看,你都认识哪些平面图形?

黄磊:老师把你们的这些图形朋友装到袋子里去啦,谁能很快从袋子中摸出圆形?

黄磊:咦!你是怎么摸到的呢?

生:圆是没有棱角的,边是弯的;圆的边是一条曲线。

黄磊:是啊,圆是平面上的一种曲线图形。

黄磊:找找看,我们的周围哪些物体的面也是圆形的?

孩子们说出了很多表面为圆形的物体,这时一个孩子说:"篮球是圆形的。"

黄磊:其实啊,球是个立体图形,而我们说的圆是个平面图形,所以不是哦。

黄磊:如果这样一直说下去,能说得完吗?

师:是啊,圆在生活中随处可见!请大家一起来欣赏(ppt出示)。

黄磊:漂亮的钟面、5角钱的硬币、盛开的向日葵,月球表面的环山、碧绿的莲蓬,宁静水面上泛起的圈圈涟漪等。

黄磊:(出示飞机和滑冰图)再看,在这两幅图中,你还能找到圆吗?

黄磊:看来,不仅自然界中有圆,有些物体的运动也会形成圆。(旋转一根系有头花的扎头绳)看到圆了吗?

师:有人说,因为有了圆,我们的世界才变得如此美妙而神奇。今天这节课,我们就一起走进圆的世界,去领略圆的风采,好吗?

(出示课题:圆的认识)

效果反馈:首先为大家授课的是黄磊老师。备课时,她提出,可不可以将课题的四个字写在圆形彩纸上,而且她已带来了彩纸和圆规、剪刀。考虑得十分周到。另外,关于物体运动能形成圆这个环节,她想到用自己的扎头绳旋转可以形成圆,从自己的身边获得素材。黄磊是四个孩子中表现力最强的,她带领全班同学复习平面图形,欣赏生活中的圆,孩子们在她的带领下,非常地投入,学习的欲望一下子被激发出来了。

片段2:叶佳峰小老师引发内需,带领学生尝试画圆

1. 不同方法画圆

叶佳峰：刚才我们说了这么多圆，看了这么多圆，想不想自己动手画一个圆呢？同学们，你们会画圆吗？

生：会！

叶佳峰：真自信，下面请同学们以小组为单位，可以利用带来的工具（硬币、瓶盖、带有空心圆的三角板或直尺）也可以自己想办法画圆，比一比看哪个小组想到的办法最多！

2. 用圆规画圆

叶佳峰：怎样用圆规画圆呢？请每个同学都尝试画一个。

叶佳峰：谁愿意到前面来介绍？何茹惠，你来吧！

（何茹惠先介绍圆规再介绍画法，非常全面、清楚）

叶佳峰：刚才何茹惠介绍得怎么样啊？掌声响起来！

叶佳峰：现在，你能再用圆规画一个圆吗？（生画圆）

叶佳峰：先画好的同学，可以帮帮小组里的其他同学。

叶佳峰：下面请同一小组的同学，把你们的作品放在一起，比一比，用一句话评价一下小组成员画的圆，好吗？

叶佳峰：大家画的圆的位置都一样吗？

生：不一样。

叶佳峰：为什么不一样？

叶佳峰：看来这个点能决定圆的位置。（板书：决定位置）

叶佳峰：请同桌互相比一比，你们刚才画的圆的大小完全一样吗？

生：不一样。

叶佳峰：这又是为什么呢？

生：圆规的两脚的开口不一样。

叶佳峰：圆规的两脚开得越大，所画的圆也就越大，圆规两脚间的距离能决定圆的大小。（板书：决定大小）

3. 总结方法，教师画圆

叶佳峰：我也忍不住想画一个圆啦。

叶佳峰：由于这黑板比较光滑，老师就先在上面一个点，接着拉开针脚，也就是定长，然后旋转一周。

效果反馈:叶佳峰小老师的教学第一环节是请学生用各种方法画圆,汇报交流时,叶老师重点请一个用牙签和毛线画圆的同学介绍。第二环节是用圆规画圆,在这个环节中,他充分发挥学生的主动性,请学生介绍画法,自己适时进行补充和点拨。最后,示范画圆。整个过程流畅自然,特别是最后在黑板上画出一个完美的圆,充分显示了他的实力。

片段3:高凌峰小老师引导自学,了解圆各部分名称

高凌峰:其实,圆和其他图形一样,各部分也有它自己的名称,下面请同学们把书打开到第94页。认真看例2,一会儿老师检查一下你们的自学能力。

(学生看书自学)

高凌峰:可以轻声读一读。

高凌峰:通过自学,你知道了什么?

效果反馈:在这个环节中,高凌峰小老师以他严谨的思维、清晰的表达

赢得了学生的热烈掌声。孩子们无论是自学,还是在后来的汇报活动中,都表现得非常认真、积极。

片段4:赵晗奕小老师带领学生合作交流,探索圆的特征

赵晗奕:(出示一张圆形纸片)请同学们拿出你带来的圆形纸片。这张纸上没有标出圆心,你能找出来吗?你还能找出它的直径和半径吗?

赵晗奕:单说这个圆心、半径、直径,这当中还蕴含着丰富的规律。同学们想不想自己动手来研究呢?

赵晗奕:我们大家可以用手头的材料,如圆片、直尺、圆规等作为研究的工具。研究方法可以是画一画、比一比、折一折等。

赵晗奕:为了研究的方便,我给大家提供四个问题。(出示)

1. 在同一个圆里可以画多少条半径,多少条直径?
2. 在同一个圆里,半径的长度都相等吗?直径呢?
3. 同一个圆的直径和半径有什么关系呢?
4. 圆是轴对称图形吗?它有几条对称轴?

赵晗奕:下面请小组开始讨论。

汇报交流,解决问题。

赵晗奕:同学们,刚才我在板书的时候,产生了一点疑问,在同一个圆里半径的长度真的都相等吗?

赵晗奕:那好,同桌之间比一比,长度相等吗?

赵晗奕:看来,要使半径相等,必须加上一个前提条件。

(板书:在同一个圆里。)

赵晗奕:我们学数学不仅要会发现,还要会准确地表述出来。

赵晗奕:第三个问题,同一个圆里,直径和半径有什么关系?

赵晗奕:真聪明,但我们学数学不能只是说说而已,刚才的这些想法对不对呢,咱们还要摆事实,讲道理!

赵晗奕:现在我们来全班交流一下,注意,别人说的时候认真听,如果他说的发现或者是验证方法和你不同,你再补充。

方法一:

赵晗奕:他是通过量发现这个结论的,真不错!

赵晗奕:有没有不用量,也能得出这个结论的?

赵晗奕:说得更准确一点,应该是直径的长度是半径的2倍。

赵晗奕:听得懂他所说的意思吗?

赵晗奕：黑板上正好有一条直径，你能不能指给同学们看一下。

方法二：

赵晗奕：还有不同的方法吗？

赵晗奕：老师这里有一个大一点的圆片，你给大家演示一下。

学生边折边说：先折一次是一条直径，再折一次出现了两条半径。所以直径的长度是半径长度的两倍。

赵晗奕：真不错，咱们班的同学就是聪明，居然能想出不同的方法来验证同一个圆里直径和半径的关系，那这个关系老师也想写在黑板上，只不过想用含有字母的式子表示，谁来帮帮我？

赵晗奕：你们能看懂这个公式的意思吗？$d=2r$ 表示什么意思？

赵晗奕：解决了这4个问题，赵老师的使命就完成啦！下面请严老师带领大家一起来梳理和巩固所学内容！

效果反馈：赵晗奕小老师带领大家发现圆的特征，理解和掌握在同一个圆里半径和直径的关系，这部分内容是本课的重点和难点。虽然时间已过了20分钟，但孩子们还是兴趣盎然，很快就解决了四个问题，突破了本课的难点。

二、反思："小先生制"实施的缘由

（一）来自课程改革的声音

新课改的核心理念是倡导学生学习方式的转变。自主、合作、探究的学习方式已成为世界各国普遍关心的焦点之一。小学数学教师不仅承担着让学生真正理解和掌握数学知识的任务，更承担着教育的使命。原国家教育部副部长柳斌曾这样说:"只有让学生主动发展,人才会有多样性,如果都是机械被动地发展,那将来都是一个模子。"

教师要促进学生的自主发展,必须着眼于唤醒、发掘和提升学生的潜能。

(二)陶行知"小先生制"的启示

"小先生制"最早由陶行知先生提出,他说"小孩子是最好的先生,不是我,也不是你,是小孩子队伍里最进步的孩子!""小先生制"是陶先生为了普及民众教育而提出的一种教育方法的改革,是一种"即学即传"的教育方式,其内涵主要是"孩子教孩子""孩子教大人"。

没有自我教育就没有真正的教育。21世纪的今天,"小先生制"依然散发着夺目的光芒,显示出强大的生命力。当然它的内涵也在不断扩充和发展。它要求充分地相信和尊重学生,弘扬其主体精神,为学生搭建一个适宜发展的平台,让学生真正参与学习全过程,真正成为发展的主体,成为真正意义上的独立的人。

(三)课堂实践的困惑和思考

1. 学生到底在为谁而学?

我以为可以分为三个层次:第一层次,为老师学,体现了一种向师性;第二层次,为自己学,这需要强大的内驱力,学习是自己的事,自己的事自己能做好;第三层次,为国家、民族、学校等,体现了一种责任感。

身处教学一线,常常看到一些学生每天作业一写完就了事,不愿意检查,觉得这应是老师的事情。还有的学生为了额头的"星星",为了香甜的生日蛋糕努力完成作业。

有学生会说为祖国,为社会主义、共产主义学习等等。实际上,"祖国"这个词对于小学生来讲太过抽象,无法真正理解学习的责任感。

学习不应是来自外界的力量,而是源于一种内在的需要。他们亟待解决的是"为谁而学"的问题。

2. 学生到底该如何去学?

传统的学习方式单一、被动,学生依赖性强,他们在教师统一的口令下"齐步走",他们被动地应付、简单地重复、机械地接受着训练,学生的主体性、能动性和独立性不断地被销蚀和失去。

其实,知识的获得应是一个主动的过程,学生应是获取知识的主动参与者,是学习的主人。理想课堂所倡导的"以学定教"该如何得以贯彻?学生该如何学习,如何成为教学展示的主体?

3.如何才能真正了解学生思维和让学生达到学习的最佳动态?

目前的教育体制下,表面看学生的学习方式有所转变,课堂上也有自主学习有合作探究,但实质还是学生在被动接受,老师让他们做什么他们就做什么。我们关注、分析学生,甚至希望了解学生思维和学习的最佳状态,可这时的学生只是教师"心中的学生",并不是实际意义上的学生。我们的努力和付出得不到回应,究其原因,教的方法并没有根据学的方法,"以学定教"仍然是一句空话。我们常说要"蹲下身子看学生",但其实学生的思维我们还是没有真正了解。带着镣铐的课堂如何关注得到每一个学生的发展?

在我看来,理想的课堂应是充满生命活力的,健康向上的,每个孩子都能得到发展的。知识目标不应是唯一的目标。可是,很多时候,这样的教育理想还是只能作为奋斗的目标。我们努力仰望着,奋力追寻着,课堂却还是带着镣铐的。

陶行知先生曾经形象地说:"松树和牡丹花所需要的肥料是不同的,区别不同情况给以施肥、浇水和培养教育,这就是'因材施教'。"那么,如何关注到每一个学生?这不得不引起我们的思考。

三、分享:几点喜人的成效

(一)小先生制的实施,改变了学生的学习方式

小先生制的实践和研究表明学生可以主动去改变和创新自己的学习方式。在学生参与独立备课、小组共同备课、课堂展示交流的过程中,同学们的数学学习热情明显提高,回答问题思路开阔,观点新颖,因此自主学习、探究学习的能力也有了很大的提高。

冯佑良同学说:"这种方法可能比以前传统的方法更好,直径、半径等知识点都深深印在了我的脑子里,谢谢!"高凌峰同学上课结束后说:"在和严老师合作备课时,我们畅所欲言,对备课内容及重点还进行讨论。我们几个人的风格不同,有明确的分工,我们用自己的方式向大家介绍圆的知识,用不同的方式来吸引大家的注意力,能使听课的同学产生不同的感觉,不会感

觉疲倦。"

（二）小先生制的实施，改变了传统的备课模式

本文所说的"小先生制"定义在教学层面，实现真正意义上的学生教学生。课前备课时"小先生"提前暴露学习过程中的问题，有利于教师进行有针对性的指导。"小先生制"试图把学生和教师回归到真正平等的环境，邀请学生真正参与教师的备课全过程，他们能帮助教师准确把握和制定符合学生特征和需求的教学目标、教学内容、教学方法和手段，对于激发学生内在的学习动机，增强学生自主合作和探究意识，提高学生学习能力和学习效果，促进师生关系融洽等方面起到了良好的作用。因为学生备课，更多地从学的角度备课，更有利于学生的接受；学生备课，更利于帮助取舍教材，哪些可以不讲，哪些可以少讲，哪些要重点讲，哪些要补充等。

袁嘉晟同学说："这堂课更奇妙的是讲课的老师，都是我们班上的同学。他们站在讲台上绘声绘色地讲解，我都能听懂，讲得真好，我十分喜欢。如果有机会，我也要和老师一起备课，走上讲台当小老师。"顾睿同学在日记里写道："其实，我也特想给同学们上课，相信只要努力，我也会成功的！"

这一切都表明"小先生制"这样的一种教学形式是孩子们非常渴望去尝试的一种全新的模式。

（三）小先生制的实施，实现了课内外无缝对接

传统的课堂，更多强调"师道尊严"，课堂很多时候是教师一人的"倾情表演"，学生始终被控制、被支配，师生关系极端地不平等。但是，学生上课，情况却发生了根本的改变。

陶行知这样说："他在做上教。他一面做，一面学，一面教，他的教育力量有时比教师大得多。"是的，学生更能理解学生，他们朝夕相处，相互之间有种天然的亲近感，无论是语言还是心理上都比较接近，彼此的沟通变得更容易，课堂上的互动显得更自然。

课后，当有的孩子对于某些知识点理解不透，他们会主动寻求帮助，得到求助的"小老师"会热情、耐心地指导。"小老师"时时处处以老师的要求来要求自己，他们认识到，其实在教其他同学的同时，自己的表达能力、思维能力等也得到了锻炼，所学知识更为牢固，同时他们也更深刻地体会到作为一名教师的光荣与责任。

（四）小先生制的实施，关注每一个孩子的发展

每个孩子都是一个独立的个体，学生之间的差异其实也是一种资源，这已经不是一个很新鲜的话题。"小先生制"正视孩子的个性差异，努力开发和利用这种差异资源，让所有的孩子都能积极主动地参与学习活动，充分发挥每个孩子的学习潜能，真正做到了关注每一个孩子的发展。

备课时，由于"小先生"的参与，教师能更好地注意在教学设计中留有"弹性区间"。上课时，无论是"小先生"还是教师，都尽最大的力量给予每个孩子以爱和尊重，亲切的形象使孩子亲而近之，和善的言语给孩子信任和期待。"皮格马利翁"效应实验也清楚地表明当教师用一颗挚爱的心，对学生抱有良好的"期待"，那么被期待的学生就会朝着你所期待的方向发展。"小先生制"的实施，让我们有更多的可能去关注每一个孩子，倾听不同的声音。

十九世纪初的陶行知先生尚能如此相信孩子，给孩子展示自我的舞台，今天的我们更没有理由质疑孩子的能力。推行"小先生制"，正是缘于对孩子的信任，让学生真正参与学习全过程，让情感和思维在课堂得到和谐共融，学生真正成为发展的主体。它使我更相信教育的力量，相信每一个孩子都有发展的潜能。

第四节　失败中找寻成长的力量
——《列方程解决问题》赛课追思

比赛，要摆脱只准成功，不准失败的心态。惨痛的失败也是一种难得的经历。

接上级通知，5月18日参加南通市第三届"行知杯"教学竞赛。由于比赛形式为封闭式备课，也就省却了前期准备的辛劳。如今，比赛已经结束，面对比赛结果，说我的课堂教学遭遇瓶颈也罢，说我的努力付出没有回报也罢，总之，失败已成事实，我该做的事情是要反思。因为，反思是为了更好的前进。

片断一：

下午1点20分，自然实验室里，我布置好黑板，调试好电脑，发放好作业纸，一切准备就绪，等待初次谋面的学生。我耐心友善地安排孩子们在教

室里入座。

　　首先和孩子们玩有趣的游戏。"同学们,初次见面,先来玩个游戏吧!"我伸出1个手指,问"这是几?"接着再伸出1个:"现在呢?"随后,又伸出1个:"1加1等于几?"不出意料,孩子们齐答:"3!"很快就有孩子发现上当了。

　　继续我的经典游戏。屏幕上出现一头牛,我问:"一头牛有几只眼睛?几张嘴巴?几条尾巴?"我指名回答,孩子们轻松作答,但声音不够高。接着我问"喂什么?"没人举手。我只能自我解嘲:"它妈妈生它时不就这样嘛!"这时屏幕出现"喂什么?"有孩子笑了。我请他回答:"喂草!"但是没有我想要的冲口而出的齐答。

　　我接着进行游戏。"还想再玩游戏吗?"孩子们反应不够热烈。"下面我们玩个猜数游戏！老师心里想了一个数,想知道是多少吗?"这时屏幕出示"我想的数乘2再加上20等于30",有孩子说出是5,我板书。屏幕再出示"我想的数乘2再加上20等于56",有孩子说是18,再板书。接着我在5的右下角点上一个点,问:"变成什么啦?""五点一八。"我接着问"其实它还代表着一个特殊的日子,是什么呢?""5月18日。""5月18日,也就是今天！5月18日,期待你们的精彩！"

　　反思:

　　这是我的课前谈话。我的预期是调动孩子们学习的热情,赶走夏日中午的乏困。然而,整个过程,气氛不够热烈,孩子们齐答的声音似乎隐藏着一种疲惫,对接下来学习的内容不够期待。

　　1. 当孩子们三三两两地进入比赛场地时,我就应该意识到问题,但当时并没有引起我足够的重视。

　　2. 当孩子们对游戏缺乏应有的热情,我应该及时调整。比如有关"牛"的游戏,我可以采用节奏感很强的齐答形式,如"几只眼睛几张嘴巴？一起说！"等。这样可以活跃课堂气氛。

　　3. 第三个游戏时我提问"还想再玩游戏吗?"一个很笨拙的提问方式,在不合适的时间。因为,我听到的是没有力气的拖着长音的"想……"

　　4. 归结到一点,我以为这一切都是孩子们中午没休息好的原因,真正上课了就好了。

片断二：

板块一：体验探索——在情境中分析数量关系

一、比一比

师：同学们看，认识吗？（课件出示南通电视塔和文峰塔）

师：南通电视塔可是咱们城市的标志性建筑之一，和文峰塔比，谁高谁矮？

生：南通电视塔高，文峰塔矮。

师：嗯，电视塔比文峰塔高。

师：它们之间的高度关系到底是怎样的？一起看。（出示"电视塔比文峰塔高度的5倍少2米"）

师：谁来读？（孩子读的声音很低）

二、说一说

师：电视塔比文峰塔高度的5倍少2米，你是如何理解的？（没人回答）（换了种提问方式）谁比谁少2米？（没有反应，又重复问了一次）

生：文峰塔比电视塔少2米。

生：文峰塔比电视塔少5倍，然后再少2米。

师：是这样吗？

生：文峰塔的5倍比电视塔少2米。

师：文峰塔的5倍比电视塔少2米。是这样说的吗？我们再来读一读。（齐读。）

生：文峰塔的5倍比电视塔多2米。

师：嗯，没错。还有其他说法吗？

生：电视塔比文峰塔的5倍少2米。

师：说得没错，就是声音有点低。谁听见她说的了？

生：电视塔比文峰塔的5倍少2米。

师：你说得真好！（课件依次在"电视塔"和"文峰塔的5倍"外围画方框）

师：原来是电视塔和文峰塔高度的5倍在比啊！

三、画一画

师：如果我们用这样的一条线段表示文峰塔的高度（师画）你能想办法

表示出电视塔的高度吗？（孩子没反应）这样，请大家拿出作业纸，把你的想法画出来。

巡视，发现很多孩子无所适从，我及时指导但学生们的反应平淡。

我以为孩子的智慧在指尖，可是事实上，我没有看到。我预期给出的画图时间为1分钟，但3分钟过去了，还只是少数孩子画对了。我只得匆匆"收兵"，开始边提问边自己在黑板上画图。

这时，我又发生了一个致命的失误。因为要画出5倍，但起初画的那条线段只有10厘米，后面的孩子无法看清。当时，我并没有意识到。接下来的交流更加陷入了僵局。

师：要画电视塔的长度，先画多少呢？

生：先量出文峰塔的长度，再画出5份。

师：这里表示的是谁的5倍？

生（齐答）：文峰塔的5倍。

师：那电视塔比文峰塔的5倍怎样？

生：少2米。

师：那在图上怎么表示呢？这样，我找一枝红色粉笔。

师：电视塔的高度是从哪里到哪里？谁能找到吗？（指名让学生上黑板指，一个孩子很不自信地上来完成回答）

师：那么，这一段表示什么？（比划从最左边到最右边）

孩子似乎越来越迷糊，齐答的声音也是很低，更别说举手回答了。这时十一分钟过去了。此刻的我不知如何调整，只得硬着头皮继续执行教案。

四、写一写

师：请大家看屏幕上的两幅图和一句话，再结合刚才的这幅线段图，你能找出电视塔与文峰塔高度之间的相等关系吗？前后四人一起讨论吧！

（进入汇报环节）

生：用电视塔的高度加上2米，就等于文峰塔的5倍。

师：能说说你们是怎么想的吗？（生没反应）

师：刚才这个四人小组讨论得可热烈了，谁来说说？

犹豫中一学生好不容易说出了思路。

师：还有不同的想法吗？

生：文峰塔高度的5倍减去2米就等于电视塔的高度。

师:能解释一下吗?

生重复刚才的回答。

师:从线段图中可以看出吗?

请刚才的孩子到讲台上指,此时下面有两个孩子在说话。师:看谁听得最仔细!(没有改变)

师:刚才同学们发现了两种等式来表示两座塔高度之间的相等关系。还能找到第三个吗?(没人举手)

师:这样,老师提示一下,这个等式的一边是"2米",大家想,另一边可以写上怎样的式子,能和"2米"相等?

没人反应,我指着线段图,再分析。终于有孩子回答了。

生:文峰塔的高度×5－电视塔的高度＝2。

教学进展到此刻,近二十分钟过去了。我的感觉越来越不好,心里特别着急。但我还是对孩子们进行了表扬说:"咱实验小学五(3)班的同学真聪明。今天咱们学习的可是六年级的知识,你们能想出这么多不同的等量关系式。真不简单!"

反思:

原本以为,实验学校的孩子一定比我们的孩子整体水平高,所以教学起点就定位偏差了,教学时间更是估计错误。设想中,我的教学预案仅仅是在三种数量关系的出现时考虑到如果只出现一种情况的引导方案。事实上,不仅仅是数量关系的分析上,画图竟然也出了问题。

1. 教材中的例题是西安的著名旅游景点"大雁塔和小雁塔"的高度问题,我觉得这个情境离我们的孩子太遥远,所以设计时还颇费了一番脑筋。寻找图片,了解到文峰塔和电视塔的高度,甚至还有支云塔的高度,长桥、苏通大桥的长度等。最后,我选择了文峰塔和电视塔,因为它们之间是近5倍的关系。其实,"5"和"2"虽然都是一位数,但在图上表示5倍的量和表示2倍的量还是有难度差异的。这一点,我没有考虑周全。

2. 由于赛场安排在自然实验室,学生的座位离讲台很远,原本在普通教室能看清的线段图此刻却无法让孩子集中注意力。学生的声音本身偏低,而由于场地大的原因,更加不能让别人听清。此刻,我理应让孩子们用扩音器发言。可是,我只是一味地提醒他们:"看谁听得最仔细!""能说高点吗?"等。关于场地,其实第一天作为参赛选手我们就来熟悉过,可是我并没当回事,只是想:这个场地不太适合上课,不过,反正大家都一样。我的想法折射了我的心灵深处没有考虑孩子的感受,这应是我此次失败最根本的原因。

片断三:

以下是板块二、三的教学预案。

板块二:尝试解决——自主探索解方程的方法,体会转化的思想

一、试一试(出示题目)

师:如果告诉你电视塔高193米,你能求出文峰塔的高度吗?

(师指第一个等量关系式):观察这个等量关系式,这时哪个量是已知的?哪个量是要我们求出的?

师:你能试着解决这个问题吗?

学生尝试解决。(师注意搜集不同方法)

师:先展示算式解法,让学生寻找不同的解法。(引导学生用方程的方法解决问题。)

二、揭示课题

情况1:学生提到方程。师:这样的问题可以列方程来解答。今天我们继续学习列方程解决实际问题。(板书课题:列方程解决实际问题)

情况2:没有学生想到。师:这样的问题可以列方程来解答。今天我们继续学习列方程解决实际问题。(板书课题:列方程解决实际问题)

师:谁记得列方程解决问题第一步要做什么?

(学生尝试设未知数)

师:能根据第一个等量关系式列出方程吗?

(揭示课题)师:谁愿意来介绍一下你的想法?(尽量让学生说)

可进行如下引导:

师:这个方程的左边表示什么?右边呢?

生:左边的"$5x$"表示"文峰塔高度的5倍",减2米后就是"电视塔的高度",右边是"电视塔的高度"。

师:所以说这个方程左右两边表示了同一个数量,符合题意,是正确的。

师:这样的方程你会解吗?请动笔写一写。

(学生尝试解方程,教师巡视指导)

师:第一步依据是什么呢?

师:由于"文峰塔高度"未知,"文峰塔高度的5倍"也就未知,就可以把它看作一个整体。这样,原来的方程就可以看作是"一个整体－2＝193",就能运用等式的性质来解了。请大家把这种想法和同桌说一说,然后把这个方程继续解完。

师:谁来汇报?

师:口头检验一下,结果是否正确?

师:一开始我们检验了所列的方程是正确的,现在检验了结果也是正确的。所以,文峰塔高39米。

三、回顾步骤

师:回顾一下解方程的过程,我们刚才用方程解决问题主要经历了哪些步骤?

师:你觉得这些步骤中,最关键的是什么呢?

师:解方程时最关键的又是什么呢?

师:其实解方程的过程就是不断运用等式的性质等知识,把原来比较复杂的方程变得越来越简单,一直简化到"x等于几"的形式。

板块三:多样理解——思考其他方法,感受解法的多样化

师:刚才我们根据第一个等量关系式列出了方程,你还能列出不同的方程吗?(想不出来不硬性要求,可让同学们课后慢慢思考)

(学生尝试列方程)

师:3个方程虽然是依据不同的等量关系所列,但实质上还是相同的。相比较而言,哪个方程所依据的等量关系在思考时更顺一些?

反思:

我这节课失败的表面原因,似乎是课堂教学时间的把握上。当我跌跌撞撞上完课,时间早已超出5分钟,而这自然是赛课所不允许的。例题的教学竟然花去了近30分钟。30分钟,其实不算长。但一节课能有多少时间呢?接下来的教学时间就很紧张。这30分钟,有我耐心地等待,有我期待的目光,也许从长远角度来看,能让学生受益,但从眼前看,这30分钟是致命的。

不难看出,在教学设计时我还是尽可能考虑周全,面对不同情况我的处理方式都详细写出。从心底说,我是本着让学生成为课堂的主体这一理念来设计我的课堂的,这可以从"尽量让学生说"、"想不出来不硬性要求"等中体现。然而,从实施效果看,事与愿违,我执行的都是最不愿意执行的,或者说是我以为最不可能执行的。

虽然自认为短短一个晚上,我设计的教学预案还是有吸引人的地方,甚至我课前的"猜数游戏"在最后的巩固环节都能做到"朝花夕拾"、前后呼应,然而,源于前面提及的因素,孩子的情绪没能调动起来,学习的热情始终没被点燃。站在讲台上,我的心早已坠入万丈深渊。大部分孩子固执地沉默着,一两个孩子自顾自玩着,这一切像大山一样压得我几乎透不过气来。一节课下来,面对我的每一次提问,课堂上举起来的手稀稀落落如同劫后余生的小草,稀少得很。我一次次将期待的目光洒向这群和我有着"一课之缘"的孩子,可他们回应并不强烈,我拼命地维持着脸上的微笑,可我心里知道,它们早已僵硬得很难看了。忽然间很想念我的六(6)班孩子,甚至开始想念上周五与连云港东港小学联谊时我执教的五(5)班孩子,我试上的五(8)班孩子,想念他们高举的小手,想念他们积极地走上讲台的样子,想念他们高声地表达、激烈地辩论……

此刻的我已被心底的声音完全击垮,只想着"完了"、"一等奖已与我无缘"、"今天不是我的幸运日"等。在这样的心理暗示之下,课堂进程越来越与理想的状态渐行渐远。

总体反思:

说实话,这次赛课我是抱着强烈的功利心去的,无形中也就给自己增添了很大的压力。我输的不是个人,而是一个团队,因为在我的身后有着更多的期许。如今,除了感觉愧对关心帮助我的领导、老师,更重要的是应从失败的赛课经历中找寻成长的力量。深入分析此次的失败,至少有以下几点值得我认真思考:

一、数学课堂,我们最应该关注什么?

我认为最应关注的是孩子,是孩子的心灵,是孩子已有的知识基础和数学思想方法,是不同孩子的学习方式和学习能力。

奥苏伯尔说:"影响学习的最重要的是学生已经知道了什么,我们应当根据学生原有的知识状况去进行教学。"这其实说的就是学生的学习起点问题。学生的学习起点包括学生按照教材学习进度已经具有的知识基础(即逻辑起点)和学生在多种学习资源共同作用下形成的知识(即现实起点)。但是,我们还不能仅仅停留于了解学生已经知道了什么,还需要预设学生已经拥有了怎样的学习能力,将会用怎样的方式去学习新知识,也要预设每一个层次学生解决相同问题时可能想到的不同方案等。而不是从教案上起,应从学生起,整个教学得围绕学生的问题而展开。

就本课而言,学生第一次接触如$ax\pm b=c$的方程,距离前面初次认识简单的方程时间已过去整整一个学期,而目前教学还没有到总复习阶段,也许相关知识点已经有些模糊甚至遗忘。因此,我的教学设计中直接出示"电视塔的高度是文峰塔高度的5倍还少2米"并请学生说说对这句话的理解,用画图的形式表达它们之间的这种关系,要求明显高了,让孩子勉为其难。在这里,我期望学生能自主经历回顾应用的全过程,然而,学生并不能领会我的意图。实际上,多数孩子只能体会到这里有两个量即文峰塔和电视塔的高度,至于它们之间的高度关系学生也并非看不明白,但不能形式化地表达。缺失了对孩子认知发展规律的准确把握,也就错失了课堂的精彩。

现在如果让我再一次执教本课,我想我会先和孩子们复习简单的方程以及简单的数量关系等相关知识。表面上看孩子们只是展示他们已有的知识状况,但是,当他们把自己所掌握的知识呈现出时,首先在情绪上是积极的,无形中引领自己回忆已掌握的方程的相关知识,这是对自身学习进行再思考的过程,有利于使他们迅速建构起已有的认知,并将这种认知迅速应用到新知识的学习中,主动地投入到学习中去。只有在主动学习的心理状态下,学生才会思考并勇于提出问题,才能真正成为学习的探索者和研究者。

名师之所以能称其为名师,是因为在他们的课堂上,往往将大部分的注意力放在学生身上,而只将很少的一部分注意力放在教学设计的实施上。折服孩子的不是别出心裁的教学设计,而是自然灵动的生成,倾心投入的激情,举重若轻的风采和春风化雨的智慧,激励引导的语言艺术等。这种课堂学习氛围的形成看似平凡却不同寻常,它需要的是积淀,凸显的是内力,映射的是教师爱的力量。它看似无形却有痕,表现在教师真诚的微笑,静静地聆听,鼓舞地赞许、赏识地评价、平等地对话中等。一言以概之,即心中有孩子。

二、营造课堂积极心理场,我还缺少什么?

我想起著名特级教师于漪说的话:"课的第一锤要敲在学生的心灵上,

激发起他们思维的火花,像磁石一样把学生牢牢地吸引住。"本次赛课中我的"第一锤"是否敲在了学生的心灵上?什么原因没能激发起他们思维的火花?夏日的中午,是困乏的。学生如此,我又何尝不是,更何况凌晨3点半才恍惚入睡?但是,这一切都不是理由。走进课堂的我,应忘却一切,做到热情洋溢和精神饱满,用自己振奋的状态去感染学生,以活泼愉快的情绪、灵活自然的手势动作去影响学生,更重要的是语音声调要做到抑扬顿挫、快慢适中。然而,课前的游戏中,我的语调是平和的,语速是缓慢的,没能做到在第一时间向学生表现出各种形式的激奋状态,所以,那种期待的心理相融、情感共鸣终究未能形成。

教育家赞可夫曾经说过:"我们要努力使学习充满无拘无束的气氛,使学生和教师在课堂上都能够自由地呼吸。如果不能造成这样的教学气氛,那么任何一种教学方法都不可能发挥作用。"教育是心灵对心灵的呼唤,是灵魂对灵魂的触动。美好的生命应该是充满期待、惊喜和感激的。要是学生不能在课堂上充分享受生命的美好,那绝对是教师的错。老师应该和学生共同营造相互尊重的氛围,这样才能构建共同生活的课堂。

三、教师才是自己专业发展的真正主人。

上完课回来,同事、朋友关心地询问和问候,我说得最多的是"很惭愧"。我惭愧的是无法用一等奖来回报大家的鼓励、关心和帮助。说实话,结果已经无所谓,无论怎样,我都坦然接受,因为我已尽力。这段经历和过程才是最重要的。

我时常问自己:"一个教师就是在这样的一次次磨砺中成长起来的吧,就是在平凡忙碌的每一天走过来的吧?这期间有很多人值得感激,有很多事需要记得,但我们千万不要忘了做自己,要记得自己才是自己专业发展的真正主人。

赛课的忙碌与激情、懊恼与难受最终都会慢慢过去,最重要的是要把这种难得的体验和感悟带到日常教学生活中,别人的评价已不是最重要的了。回到真实的课堂,面对自己班上的孩子,这才是我最需要关注的。我不应该关注某一堂课,当然也不应纠结于这样的一堂赛课。数学课堂教学的灵魂,一是情,二是思。这个情必须是附于思的情,而不能是无中生有之情。"径由思,抵达诗。"我们学习了很多的理论,我们听了无数的讲座。然而,理论终是灰色的,一朵绽开的花里有一千个未能说出的真理。我们通过真实的课堂向世界开出属于自己的花,在那朵花里蕴藏着力量与理论,但永远不会有一个词语,足以解释它的全部。

我们更应关注的,不仅仅是课堂,而是课程,是我们要穿越的整个教育旅程的全部。意愿、计划、资源、行动、反思、建构下的经验也很重要。课程就是"道",就是被我们用脚走出来的道路。而我们,就是通过这条道路的一端,走到道路终端的那个人。

想起《士兵突击》的经典台词:"不放弃,不抛弃。"于是我坚持着,努力着!

附录

小学生数学学习调查问卷

亲爱的同学：

本次调查仅用于教育研究，问卷以不记名的方式进行，你可以尽情表达、反映对于数学学习的一些看法或意见，你所选择的答案与你的成绩评定无关。请同学们根据自己的实际情况，从下面五个选项中选出你认为最适合的答案填在括号里。

A. 完全符合　　　B. 比较符合　　　C. 基本符合
D. 不符合　　　　E. 完全不符合

我们将对您所选择的答案绝对保密和尊重。谢谢你的合作！

填表日期：＿＿＿＿　学校：＿＿＿＿　班级：＿＿＿＿　性别：＿＿＿＿

（　）1. 我对数学学习很感兴趣。
（　）2. 我听数学课时总是心不在焉。
（　）3. 我非常喜欢思考较难的数学题。
（　）4. 我对数学的发展、探索的过程非常有兴趣。
（　）5. 我不喜欢数学老师。
（　）6. 我很喜欢与同学进行数学题小组讨论与学习。
（　）7. 每当数学考试结束后，成绩不理想，我心里会难过。
（　）8. 我觉得数学课很轻松很有趣。
（　）9. 我愿意给同学们讲数学题。
（　）10. 每做对一道很难的数学题，我都有很大的成就感。
（　）11. 自己数学学得不好，主要是老师教得不好。
（　）12. 我不喜欢数学老师拖课。
（　）13. 我认为学习数学很累，是苦差事。
（　）14. 不管数学老师教得好不好，我自己肯努力下功夫学习。
（　）15. 我总是先完成数学作业再去看电视、玩电脑。
（　）16. 我常能发现生活中的数学知识。

(　)17. 我觉得数学对我的帮助很大,我能在生活中运用数学。

(　)18. 我不愿意在数学课堂上回答问题。

(　)19. 学习数学对于培养一个人严谨、认真的生活态度很有帮助。

(　)20. 我觉得父母很关心我的数学学习成绩。

(　)21. 回答老师提出的数学问题时,我总是害怕答错。

(　)22. 我喜欢对数学问题刨根问底。

(　)23. 在数学考试中我从不紧张。

(　)24. 数学老师提问我时,我从不紧张。

(　)25. 每次数学考试前都会感觉忘记很多知识。

(　)26. 我认为自己解决某些数学问题的能力很强。

(　)27. 我相信有些同学的数学解题能力比我强。

(　)28. 当使用一种方法解题后,我都会反问自己运用了哪些数学知识和技能。

(　)29. 在读报纸或其他课外书时,我喜欢想一想所读内容中,有没有能够编成数学问题的内容。

(　)30. 有时候我能读懂数学题的意思,但却不知道如何解答数学题。

(　)31. 在解数学题时,我会先把题目的意思弄清楚,然后再动手解题。

(　)32. 在解数学题时,我能很快找出一个解题方法,然后就用这个方法去解题。

(　)33. 对于不同的数学问题,我总是对它们进行比较,找出它们的异同点,从而得出规律。

(　)34. 我觉得在做"解决问题"的数学题时,分析数量关系是很简单的一件事。

(　)35. 我能很清楚地找出题目中的条件和问题。

(　)36. 在看与数学无关的课外书时,如果发现里面有很多数字,我总喜欢去找这些数字的规律,或者想想这些数字表示的意思。

(　)37. 有些问题很复杂,一时不能看懂题意,我会采用画图的方法,使问题简化。

(　)38. 我能灵活运用常用的解决数学问题的方法(如画图法,举例法等)。

( )39. 在解题时,我对先做什么,后做什么,如何去做,总有一个基本的想法。

( )40. 我知道自己善于解决哪一类问题,不善于解决哪一类问题。

( )41. 有些数学题,我一看题目就知道怎样解答,我会马上把解答过程写下来。

( )42. 在做一道题时,我总能回忆和想起与它类似的题目和解题思路。

( )43. 一读完题目之后,我就能意识到自己能不能将它解答出来。

( )44. 在解题时,如果感觉自己的解法不对,我会重新阅读题目,换一个方法再试。

( )45. 在解题时,我会尝试从结果去推条件。

( )46. 不知道什么原因,我解题的步骤总是比其他的同学要少一些,但是,老师也没有扣我的分数。

( )47. 我特别喜欢做数学题目,而且题目越难我越喜欢做。

( )48. 我不喜欢做数学作业,但是,我喜欢做其他课的作业。

( )49. 对同一个问题,我会采用多种解法,对它们进行比较,并找出最简单的解法。

( )50. 在解题后,我会思考自己的解题方法是否正确,有没有更好的方法。

( )51. 对于已经学过的数学概念、公式,我能比较清晰地把握它们之间的关系。

( )52. 如果后面的题目比前面的题目要难一点,我就喜欢做,如果后面的题目和前面的题目差不多,我就会去做别的作业。

参考文献

著作类

[1](美)D·A·库伯.体验学习:让体验成为学习和发展的源泉[M].王灿明等译.上海:华东师范大学出版社,2008.

[2](美)乔伊斯.教学模式[M].荆建华等译.北京:中国轻工业出版社,2002.

[3](日)米山国藏.数学的精神、思想和方法[M].毛正中等译.成都:四川教育出版社,1986.

[4](美)霍华德·加德纳.多元智能[M].沈致隆译,北京:新华出版社,1999.

[5](英)李约瑟.中国科学技术史[M].北京:科学出版社,1975.

[6]刘兼、孙晓天.数学课程标准解读[M].北京:北京师范大学出版社,2002.

[7]张华.课程与教学论[M].上海:上海教育出版社,2000.

[8]朱小蔓.情感教育论纲[M].南京:南京出版社,1993.

[9]冯忠良等.教育心理学[M].北京:北京人民教育出版社,2000.

[10]乌美娜.教学设计[M].北京:高等教育出版社,1994.

[11]邵瑞珍.教育心理学[M].上海:上海教育出版社,1997.

[12]汪凯,何金彩.生理心理学[M].北京:北京科学技术出版社,2004.

[13]林崇德.教育为的是学生发展[M].北京:北京师范大学出版社,2006.

[14]温寒江,连瑞庆.开发右脑——发展形象思维的理论和实践[M].杭州:浙江教育出版社,1997.

[15]任樟辉.数学思维论[M].南宁:广西教育出版社,2001.

[16]周玉仁.小学数学教学论[M].北京:中国人民大学出版社,1999.

[17]李晓,王莹.教学策略[M].北京:北京高等教育出版社,2000.

论文类

[1]郭念锋、李世强.认知过程中大脑两半球的协同活动——若干实验结果的分析和再分析[J].心理学报,1993,(2).

[2]陈惠芳.体验学习——小学生数学学习的又一境界[J].中小学教师培训,2001,(9).

[3]王子萍.班级管理中培养学生情智的探索[J].镇江高专学报,1998,(1).

[4]朱化云.打造充满情趣和智慧的数学课堂.考试周刊[J].2011,(59).

[5]成尚荣."情智语文"的核心价值与现实突破[J].语文教学通讯,2006,(12).

[6]何凤萍.体验学习在数学教学中的实施策略[J].课程教材教学研究,2006,(17).

[7]林琳.浅谈初中数学课堂中的情感价值目标[J].教育科学,2010,(11).

[8]吕桂芳.情溢语文课堂[J].中国校外教育,2009,(8).

[9]徐晓岚.弹性表达之于情思的外化[J].语文学习,2011,(4).

[10]田亮.感动——小学生数学情智和谐发展的催化剂[J].江苏教育,2007,(1).

[11]杨桂花.构建和谐数学课堂,焕发师生生命活力[J].小学教学研究,2009,(2).

[12]顾迎梅.构建情智共舞的语文课堂[J].教研天地,2012,(5).

[13]周贤定.构建体验学习,培育知能共进[J].中国科教创新导刊,2009,(33).

[14]李伟.关于新课程中队数学思维活动的调控[J].安徽教育学院学报,2006,(11).

[15]翟丽萍.关注学生发展追求智慧课堂[J].山东教育,2011,(5).

[16]陈红.关注学生情感,让课堂充满情智[J].小学教学参考,2012,(11).

[17]杨启亮.解读"情智教育"中的共生[J].江苏教育,2006,(2).

[18]黄安楣.小学数学活动体验学习的理性思考[J].教学月刊(小学

版),2009,(12).

[19]黄高庆,申继亮,辛涛.关于教学策略的思考[J].教育研究,1998,(11).

[20]王忠华.例谈数学思维品质[J].数学大世界(高中辅导),2006,(22).

[21]武锡环.数学学习情感的量化分析[J].河南师范大学学报,2001,(2).

[22]东明.儿童的数学思维呈现怎样的严密性[J].人民教育,2007,(9).

[23]刘范等.国内十个地区小学儿童属概念和运算能力发展的研究[J].合理学报,1981,(2).

[24]卢江.面向21世纪的小学数学课程改革与发展[J].课程·教材·教法,1998,(10).

[25]苏玉国.影响高中学生数学学习情感的因数分析明[J].数学教育学报,2003,(3).

[26]刘兰英.小学生数学思维能力现状的调查与研究[J].现代中小学教育,1998,(1).

[27]徐国森数学中的形象思维形式[J].数学通报,1990,(12).

[28]李伯黍.中小学生数学能力心理学评介[J].心理科学,1983,(3).

[29]贺善侃.形象思维·抽象思维·科学认识[J].复旦大学学报(社会科学版),1998,(4).

[30]林革.浅谈数学焦虑与数学学习的关系田[J].学科教与学,2005,(9).

[31]苏玉国.影响高中学生数学学习情感的因数分析[J].数学教育学报,2003,(3).

[32]王汝发.论数学课堂教学中的情感教育[J].数学教育学报,1998,(4).

[33]赵旭,赵玉琦.事件相关电位对形象教学开发右脑思维的评价[J].教育研究,1999,(10).

[34]李士绮.熟能生厌吗——三谈熟能生巧问题[J].数学教育学报,2000,(9).

[35]何克抗.建构主义——革新传统教学的理论基础[J].学科教育,1998,(3).

[36]孔令跃.数学焦虑与数学成绩关系的研究[D].北京:首都师范大学,2002.

[37]廖煊如.形象思维整合与数学问题解决[D].上海:华中师范大学,2001.

[38]孙岚.初中生数学学习情感的现状调查与思考[D].扬州:扬州大学,2004.

[39]冯绍兴.中学数学教学中情感教育探讨[D].武汉:华中师范大学,2003.

后 记

"文章千古事,得失寸心知。"将写作计划和信心变成一本完整的著作,对一名普通的小学教师来说,实在不是一件很容易的事。

回想自己加入工作室三年多来的学习和写作经历,感慨万千。

工作室是一个温暖的充满力量的地方。她像一面凸透镜,将分散的光源集聚到一点;她像一个扩音器,把微弱的声音变成高昂的呐喊;她让"我"成为了"我们"。独立的大雁从此找到了远行的同伴。

当然,无限的过去,都以现在为归宿;无限的未来,都以现在为起点。也许我未来的生活中不会有奇迹,没有太大的成功,但这些都无关紧要。"试上高楼清入骨,岂如春色嗾人狂。"对于一颗普通而平常的心来说,重要的是不轻言放弃。

在本书将要付梓之前,有好多话想说。最想说的,还是"感谢"。

感谢南通开发区教研室季春华主任!感谢您于百忙中给予我精心的指导。从论文选题、提纲拟定,到文章撰写与修改润色无不凝聚了您的心血与汗水。尤其是您执着的事业追求、严谨的治学态度使我深受感染,您对我的谆谆教诲将激励我在今后的工作、学习中不断进取,超越自我。

感谢工作室的同伴们!虽然我们来自不同的学校,执教不同的学科,接触不同学段的孩子,甚至个性也不尽相同,但我们能够相互包容、鼓励和支持,分享智慧的同时也享受着一起成长的喜悦。

在论文资料收集和写作过程中,我还得到了扬州大学刘久成教授的悉心指导,得到了南通大学教育科学学院石雷山老师的大力支持与帮助,在此一并表示谢意!

写作期间我还得到单位领导和同事们的全力支持,在此由衷地表示感谢!

感谢南京师范大学出版社张文、周璇编辑的辛勤工作!

感谢我的家人,正是你们的包容、支持和鼓励,才使我即便不再年轻,心中依然有梦。

感谢生活赐予我安稳和静好。

感谢文字存留了一个个教育的剪影,昭示了未来的方向。

感谢我爱的人和爱我的人,你们的支持和鼓励让我泄气时仍旧能看到光亮。

感谢打开并阅读本书的朋友,祝你们的生活幸福温润、诗意盈怀。

以此为光,打开崭新的每一天。

严亚雄
2013 年 10 月 5 日于星湖花园香榭苑